繊細な人 鈍感な人

無神経なひと言に振り回されない・40の考え方

五百田達成

PHP

失敗してへこんでいるところに友人から、

「だから言ったでしょ？」

……（え～……）。

その場にいない同僚のことを上司が、

「あいつ、ほんと使えないよなあ」

……（うわっ……）。

単純なミスをした取引先から、

「それについては謝ります」

……（うーん……）。

ん？　んん？
なんだろう、このモヤモヤは。
チリッとする心の痛みは。

なにげないひと言に、モヤッとする。
心ないひと言に、しんみり傷つく。

気にせず受け流したい。でもできない。
何か言い返したい。でもできない。

無神経なひと言にモヤモヤだけが溜まっていく。

「悪気はないんだからさ」

……（それはわかってるけど……）

「もう、考えすぎだって！」

……（え、私のせいってこと？）

「まったく、繊細だなぁ」

……（繊細じゃいけませんか？）

はぁ。

人間関係ってほんと疲れる。

無神経なひと言に振り回されたくない。

心が傷つかず、相手とももめず、
なんとか平和にやりすごせる。

そんなうまい方法、ありませんか？

はじめに

他人を見るレンズの「解像度」

この本は「繊細な人が、鈍感な人の無神経なひと言に振り回されなくなるための本」です。

ポイントは「受け止め方」にあります。

心ないひと言を、どうとらえるか。
相手の気持ちを、どう想像するか。

その「感じ方・考え方」の角度を少し変えるだけで、

● **無神経なひと言を、無理なく受け流せるようになる。**

- **自分の心が傷つかず、尊厳と自己肯定感を保てる。**
- **苦手な相手に振り回されず、距離をうまくコントロールできる。**

ようになります。

繊細な人独特の「気づきやすい」性格は、変えなくてＯＫ。鈍感な人と敵対する必要もありません。ちょっとした工夫で、人間関係が驚くほどうまくいく、そういう処方箋をまとめました。

こんにちは！　作家・心理カウンセラーの五百田達成《いおたたつなり》と申します。編集者・広告プランナー・カウンセラーの経験を活かし、話し方や人間関係に関する本を書いています。

私自身小さいころから、人から言われたささいなひと言がとても気になる「繊細な」性格。「なんであんなこと言うんだろう？」「何か気にさわるようなこと言ったかな？」などなど、気に病んでばかりの人生でした。

そうやって、人づきあいやコミュニケーションについてクヨクヨ考え続け、ついにはそれが仕事になってしまった次第です。

繊細な人と鈍感な人の違い

さて、改めて、この本で言う「繊細な人」とは、

- **相手のちょっとしたひと言が気になってしまう。**
- **「なんでそんなこと言うんだろう？」と考えてしまう。**
- **「悪気はないのかも」と相手を気づかいがまんしてしまう。**
- **「気にし過ぎかな？」と反省してしまうこともある。**

そういう人のことを指します。あなたにもそういうところありませんか？

いっぽう「鈍感な人」は、

- **無神経でデリカシーのない言葉を口にする。**
- **相手が気分を害していることに気づかない。**
- **「そんなつもりはなかった」と悪びれない。**
- **「気にしすぎるほうが悪い」と懲りずにそういう発言を繰り返す。**

そういう人のことを言います。身のまわりに何人か思い当たりますよね？

ところがやっかいなことに、「鈍感な人」がみんな、根っからの意地悪というわけではありません。逆に「繊細な人」がすべて、心のきれいな優しい人というわけでもありません。では、何が違うのでしょうか？　両者を分けるものはなんでしょうか？

それはずばり、「他人を見るレンズの解像度」です。

鈍感な人は「他人を理解しようとする気持ち」が弱い。

「目の前の人は自分と同じ価値観だ」と信じて疑わない。人それぞれの価値観を理解しようとせず、むしろ、みんなが同じじゃないと気がすまない。

たとえるなら、他人を見るレンズの「解像度が低い」のです。

だから、押しつけがましい話し方をするし、「空気を読むこと」「周囲に合わせること」を求めるようにもなります。


いっぽうで、繊細な人は「他人を理解しようとする気持ち」が強い。

「価値観は人それぞれ」をよくわかっていて、相手の考え方を理解し尊重しようとする。多様性にも寛容で、ちょっとした違いにもよく気がつく。

いわば、他人を見るレンズの「解像度が高い」のです。

当然、丁寧なコミュニケーションをするし、「自分は嫌じゃないけれど、相手は嫌かもしれない」という想像力を働かせることができます。


鈍感な人は、他人と自分の垣根があいまいで、だから無神経なひと言が多い。

繊細な人は、他人も自分も尊重するので、無神経なひと言に振り回されてしまう。

考え方を変えれば関係も変わる

さて、鈍感な人の無神経なひと言に振り回されないためには、「言葉の受け止め方」を変えることです。

いきなりガラッと180度変えなくてOK。まずはほんの数度でいいので、考え方の角度を変えてみましょう。

①**そうすれば、まずは、自分の心の平和が守られます。**ずけずけと踏み込まれかけたテリトリー（領域）が安全に保たれます。これはとても重要なことです。

②**そうすると、相手に対する態度やコミュニケーションが自然と変わります。**心の平穏・自信は、黙っていても態度ににじみ出るものです。

③**結果的に「鈍感な人」との関係も変わります。**相手はあなたという存在に敬意を払うようになり、適度な距離が保てるようになります。

この本では、仕事やプライベートの場面で「鈍感な人が言いがち＝繊細な人が振り回されがちなひと言」を、40のシチュエーションに分けて紹介していきます。

それぞれについて、

- **「鈍感な人」は何を考えてそんな無神経なひと言を発したのか。**
- **「繊細な人」はそのひと言をどう受け止めれば振り回されないか。**
- **具体的にどのような態度・行動をとればいいか。**

について解説していきます。

人間関係のモヤモヤがラクになる考え方のレッスン、始まります！

繊細な人　鈍感な人

目次

contents

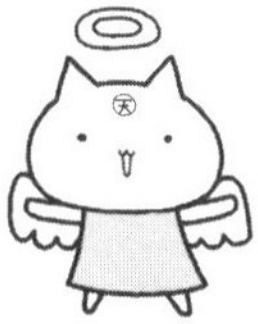

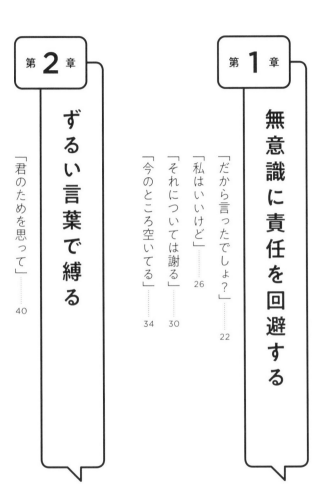

第3章 マウントを取ってくる

第4章 言葉が冷たい

第5章 遠回しにバカにしている

第6章 余計なひと言を言ってくる

第7章 言葉の暴力に気づかない

第8章

悪気はないけど無神経

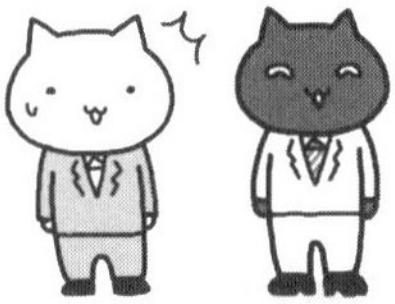

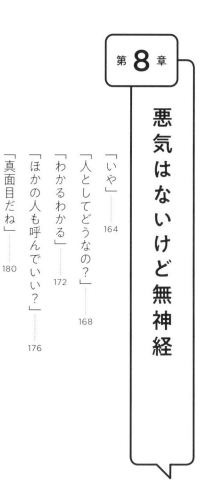

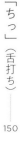

第9章 気をつかうようで疎外する

第1章

無意識に責任を回避する

無神経なひと言

1

だから言ったでしょ?

A案かB案で悩んでたけど
A案で失敗しちゃった……
ほら~だからB案にしろって言ったじゃん
あ~あ~
もっと慎重に考えないとね
ヤレヤレ
バシンッ
もっと慎重に考えないとね
今さら言うニャ!
イミネ~

こんなひと言にもモヤモヤ……

やると思った!

私はもともと反対だった

もっとこうすればよかったのに

こう考えよう!

え、ちょっとずるくないですか?
今さら言わないでくださいー!

仕事でA案とB案で迷った末にA案にしたら、評判がよくなかった。同僚から「だから言ったじゃん。私はBがいいって言ったよね？」とひと言……。思い切って始めた資格の勉強。でも思ったより大変でくじけそう。家族から「もっと慎重に考えたほうがよかったんじゃない？」とひと言……。

どうでしょう？　ただでさえヘコんでいるところに、「助言を聞かなかったあなたが悪い」「一体どうするつもり？」と**追い打ちをかけられているようで、悲しい気持ちになりませんか？**

繊細な人であれば、つい「すみません……」と謝ったり、「せっかく言ってくれたのに……」と反省したりしてしまいます。

それでも内心は、「あれ？　なんで謝ってるんだろう？」「別に迷惑かけてないのに」とモヤモヤ……。

そもそもですね！「それは残念だったね。次はもっとこうしようね」と、前向きなアドバイスをくれるならまだしも、今さらどうしようもないことを指摘するのはずるいというもの。**「私はアドバイスしたんだから責任はない、悪くない」という逃げ**

の気持ちも透けて見えますし、「私は、この失敗を予見していたのだ、えっへん！」という謎のマウンティングも感じとれます。だから、素直にお叱り・忠告を聞く気になれないわけです。だいたい、「言ったでしょ？」と言ってますが、ほんとに言ったかどうかも怪しいものです（笑）。

というわけで、このように**安全な場所から、終わったことをあれこれ言ってくる人の言葉は、「ですよね〜」「やっぱり〜」と笑ってスルー**しちゃいましょう。実際、今さらどうしようもないわけですし、それよりは目の前のことをどうがんばるかのほうが大事です。

それでもスルーしきれないときは、「今さら言わないで！」「どうせ言うなら、もっとちゃんと言ってよね」「自分でも反省しているんだから、ほっといて」と、心の中だけでも反論しましょう。すっと気持ちが軽くなるはずです！

後出しで言ってくる人には「今さら言わないで」とスルー。

無神経なひと言 2

私はいいけど

課長、この企画書どうでしたか？
企画書
あーどうかなー
ポリ
ポリ
ボクはいいと思うけどみんなはなんて言うかな？
こいつ責任放棄したな
課長的にOKなんですよね、よかった〜じゃあ進めますね！
わーい
しゅたっ
あ、ちょっと待って！

こんなひと言にもモヤモヤ……

個人的にはいいと思うんだけど……

世間的にどうだろうね？

よそでやったら怒られるよ

こう考えよう！

ほんとは「よく」ないですよね？
ちゃんと言ってくださいー！

書き上げた企画書を課長に提出したら、「僕はいいと思うけど……」と煮え切らない反応。さらには「みんなはなんて言うかな?」と続く……。

これ、モヤモヤしますよね!

「けど」って何? 「いい」なら「いい」でよくない? なんでそんなスッキリしない言い方するの……?

そもそも、こういうことを言ってくる人は内心、手放しで「いい」とは思っていません。正直イマイチだと思っている。賛成できない。でも、それをハッキリ言いたくない……。

では、なぜ言いたくないのでしょう? それは、〝悪者〟になりたくないから。ダメな点をイチイチ説明するのがめんどうだから。

「ダメと言っているのは僕じゃないよ」と味方のような顔をして、「みんなはどうかな?」と責任を丸投げする。そのちょっと**ずるくて逃げ腰な姿勢がバレバレなので、こちらとしてはモヤモヤするわけです。**

叱るなら叱る。「僕は違うと思う」とハッキリ言う。

そうやって「嫌われるリスク」を冒《おか》してでも、自分の意見（Iメッセージ）を言ってくれる人なら、「すみません、直します」「どの辺が違いますかね？」とこちらも素直に耳をかたむけられますよね？

ですから、**こういう風に逃げを打つ人には「あ、課長的にはOKなんですね。よかったー、じゃあ進めますね！」と明るく返事してみましょう。**

そうすれば「え、ちょっと待った！……僕としてもこの辺がよくないと思う」と慌てて自分の意見を言ってくれるはず。そこでようやく、「じゃあ、どうすればいいか」を話し合えるわけです。

少し勇気がいるかもしれませんが、表面上は失礼な物言いではありません。試してみてください！

責任逃れしようとする人は本音を引き出す。

無神経なひと言

3 それについては謝る

最近LINEも全然返してくれないし、お店の予約も全部私がして、しかも30分も遅刻だよ!?

ひどい…!

時間に遅れたことについては謝るよ
ごめん……

な……なんでだ? 全然謝られた気がしない……!!

なんか許せない…!

そりゃそうだよ。謝ってほしかったのは「事実」じゃなくて辛い思いをさせたこと!

ほら言って
バシ
嫌な思いさせてごめん…

それそれ!

こんなひと言にもモヤモヤ……

誤解させたのなら謝る

こっちにも事情があって……

言い訳になるかもしれないけど

こう考えよう！

えっと……謝ってないよね？
「気持ち」って言葉知ってる？

待ち合わせに遅れた恋人がムッとした顔で「遅れたことについては謝る」……。
書類上のミスがあった取引先がキレ気味に「ミスについては謝ります」……。

どちらも、モヤモヤが募《つの》ります。

どういうつもりで言ってるの？　なんでエラそうなの？　全然謝られてる気がしないんだけど。「こっちが悪いの？」と反省しようものなら、調子に乗って「まあ、お互い様だしね」なんて言ってきたりして。そうすると、モヤモヤはマックスになります。

そもそもの話、悪い（遅れた、ミスがあった）のはあっちですが、それはまあいいとしましょう。人間にミスはつきものですから。問題は謝り方です。

「●●については謝る」、この謝り方は「自分の非をなるべく認めたくない、責任を逃れたい」という気持ちが丸見えです。だから潔くない。ずるい。「いいよ」と許す気に全然なれないわけです。

「謝る」というコミュニケーションには大きく分けて「事実ベース」と「気持ちベース」の二種類があります。

事実ベースは「何が起こって、どこで問題が生じて、こちらの落ち度はこの部分」と冷静に分類していくやり方。

気持ちベースは「嫌な思いをさせたね、さぞかし辛かったよね」と相手の感情に寄り添うやり方。

前者はビジネスや訴訟の場面では有効ですが、普通、人が人を「許せる」のは後者がうまくいった場合だけです。

というわけで「●●については謝る」と、自分の立場を守ろうとする相手には、**「私がどんな気持ちだったかわかる？」「こちらがどれだけハラハラしたかわかりますか？」と、相手が想像もしてないであろう「気持ち」について問いかけてみる**といいでしょう。

相手は「はっ！」と事の重大さに気づいてくれるかもしれません。たとえ気づかなかったとしても、こちらとしては言いたいことを言えてスッキリしますよ。

ピンとこない謝罪には「気持ち」の話をする。

無神経なひと言

4

今のところ空いてる

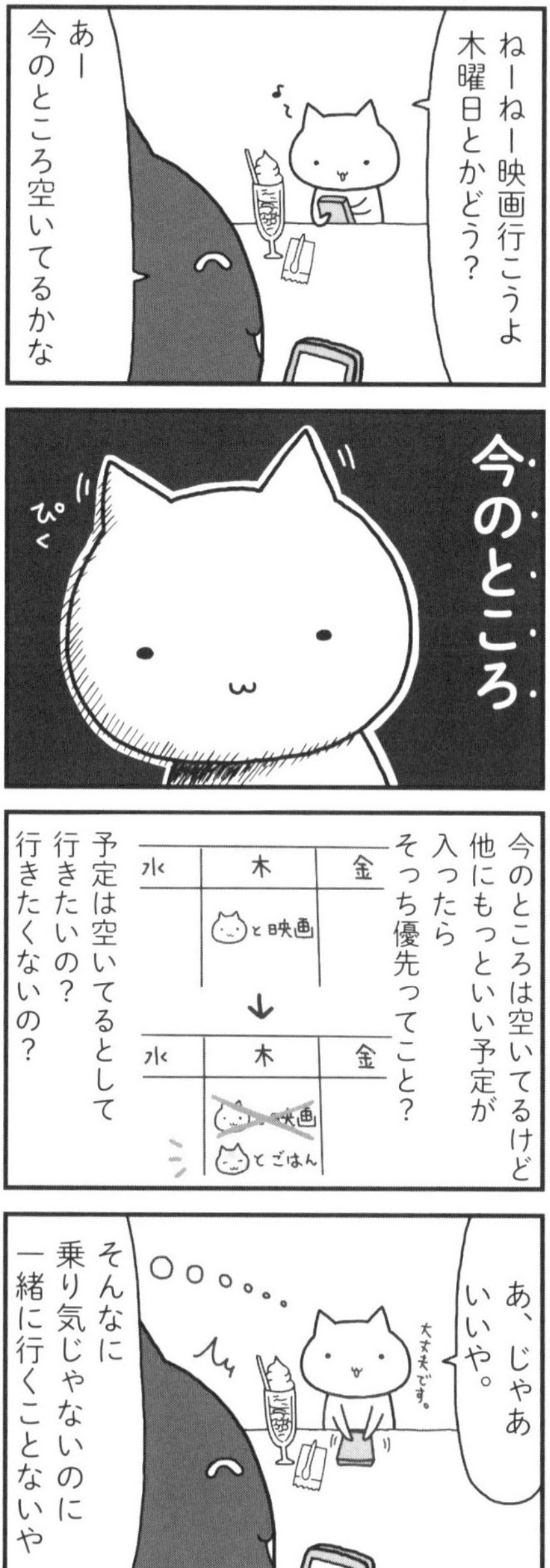
ねーねー映画行こうよ
木曜日とかどう？
あー
今のところ空いてるかな
今…のところ…
ぴく
今のところは空いてるけど
他にもっといい予定が
入ったら
そっち優先ってこと？
水
木
金
と映画
水
木
金
とごはん
予定は空いてるとして
行きたいの？
行きたくないの？
あ、じゃあ
いいや。
大丈夫です。
そんなに
乗り気じゃないのに
一緒に行くことないや

こんなひと言にもモヤモヤ……

行けたら行く

特に予定はないけど……

先に始めておいて

こう考えよう！

なんか「上から目線」なんだよなあ。
もっと気持ちのいい人を誘おうっと。

学生時代の友達との飲み会を企画。友人に連絡をしたところ、みんな「行く！　楽しみ！」と即レス。そんな中、「今のところは空いてる」と遅れて返信が……。

これってなんだかモヤモヤしますよね。

「人を誘う」のは、「私はあなたと会いたいです！」と意思表示するわけですから、言ってみれば告白のようなもの。だからこそ返答が「私も会いたい！」だったら、すごくうれしいわけです。もし都合がつかない場合でも、「私も会いたい！　あ、でもこの日、予定ある……わーん、残念！」であれば両想いであることが確認できるので「残念、また誘うねー」で済みます。

問題は「今のところ空いてる」。これは、ほんのりと傷つきます。

「空いている」＝「行く！」でいいはず。それなのに「今のところ」なんて保留するのは、「もっと大事な用事が入ったら、そっちに行くからね」というニュアンスが匂います。**まだ入ってない用事と勝手に比べられて「あなたの予定は、それより下です」と言われた。そりゃあ、傷つくのも当たり前です。**

さらには行きたいのか、行きたくないのか、「意志」が伝わってこないのもイライラポイント。**「あなたは会いたいようだけれど、私はそうね、会ってあげてもよくってよ、どうしようかしら、うふふ」という、鷹揚《おうよう》な「上から目線」に対しても気持ちが萎《な》えます。**

予定が読めないならまずは「行きたい！」と意志を示して、そのうえで「でも、急な残業が入るかもしれなくて、その場合はごめん！」と言ってくれれば、どれだけスッキリすることか！

何度誘ってもあいまいな返事が来るようであれば、悲しいけれどそれは「脈なし」の証し。もう無理して誘うのはよしましょう。それより、気持ちのいい返事をくれる子とだけ遊びましょう。

彼女のことはたまーに思い出して、気が向いたら誘ってあげる。それぐらいの関係に変わっていくのもいいんじゃないでしょうか？

誘い甲《が》斐《い》のない相手とは少しずつ距離を取る。

第2章

ずるい言葉で縛る

無神経なひと言

5

君のためを思って

え!? この本読んだことないの!? もったいない!
絶対読んだほうがいいって!
ありがとう! 読んでみるね
私のために言ってくれてるんだよね……
ちがう!
私のために言ってくれてるんだよね……
こいつただ言いたいだけ
聞かなくて良し

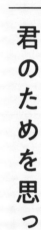

こんなひと言にもモヤモヤ……

悪いことは言わないから

～～したほうがいいよ

人生の半分損してる

こう考えよう！

「私のため」じゃないですよね？
聞き流してもいいですか？

「営業職なら、絶対この本読んだほうがいいよ。読んでないとかあり得ないから」

「えー！　ウニ食べられないなんて、人生の半分損してるー」

……親しくもない人からいきなりこう言われると、気持ちがザワザワしませんか？　**急《せ》かされているような、責められているような居心地の悪い気分。正直、「放っておいてほしいな」と思いますよね。**でもこういう人に限って、放っておいてくれないんです。

「いや、君のためを思って言ってるんだよ」

「悪いことは言わないから、試してみなよ」

と、あたかも「あなたのために言ってる私は親切だ」という雰囲気を出してきます。そうすると、あなたも「せっかくの親切をスルーしちゃいけない……？」と自分を責めてしまったり。

でもですね！　こういう人って別に、親切で言ってるわけではないんです。単に言いたいだけ。**単に自分の好み・感想を押しつけたいだけ。それなのにまるで「親切アドバイス風」に言ってくるから、モヤモヤしてしまうんです。**

それならいっそのこと、

「一緒に語りたいから、この本読んで、お願い！」
「ほんとに美味《おい》しいから、このウニ食べてみて！　頼む」
ってまっすぐ言われたほうがよほどスッキリしますよね！　そうしたら「じゃあ、試しに……」とうなずく気にもなります。

ですから、もしこの手の**「エセ親切押しつけ」に遭遇したら、すかさず心の中でこう唱えましょう。**

「あ、はい、それって、あなたの感想ですよね」

「へー、あなたはそうなんですね。でも、私はそうじゃないんですー」

よく、健康食品のＣＭで「個人の感想です」っていうテロップ出てきますよね。あれです。あれを相手の顔の下にこっそり表示するイメージ。するとたんに、「あやしい……」と思えて、「あ、だいじょうぶです」と言えるでしょう。断るときにも心が痛まないはずです！

「親切の押しつけ」は「個人の感想」なので気にしない。

無神経なひと言

6

要するに

えっと……なんていうか～
要するに～ってこと？
そしたら……でね～……で……
つまり～ってこと？
んにあああぁ
まとめハラ
さぁ、君の言葉で話してごらん
ゆっくりでいいから
……
うん。

こんなひと言にもモヤモヤ……

要はこういうことでしょ？

結局何が言いたいの？

その話のポイントは3つあって……

こう考えよう！

なんですぐにまとめたがるんだろう？
私は私のペースで考えよう。

悩み事、うちあけ話、将来に関わる大事なことなど、「スラスラと語れない話」ってありますよね。そうした話は「どれが自分の気持ちに近いかな」「話してるうちにわからなくなってきちゃった」とあれこれ考えながら話すので、話があちこちに脱線するのも仕方がないことです。

それなのに途中で**「要するに○○ってことね」とまとめられたら、ガクッときませんか？　「え……あれ？　ちょっと違うんだけどな……」と思いながらも、それ以上は何も言えなくなってしまう。**「う、うん、そういうこと、かな？　はは」と笑ってそこで話を終えたり、「うまく説明できなくて、ごめんなさい」と謝ってしまったり。「要領が悪い私のせい？」とモヤモヤが募ります。

ですが、だいじょうぶ！　あなたは悪くありません！

むしろ悪いのはなんでもかんでも「要してくる人」です。こういう「まとめハラスメント」をしてくる人は、まとめ方が雑だから困ります。

こっちだって「わかりやすく話したほうがいい」なんてことは、重々承知してますよね。それでもなかなか簡潔には話せないし、むしろうまく整理できないから相談してるわけです。

それを**「要はこういうことでしょ？」**と雑にまとめられると、**せっかく大事に抱えている自分の考えが軽んじられたような気がして、すごく傷つきます。**

また「要するに」を言いたがる人は「頭いい気取り」の人が多いのも残念なところ。単に、ハッキリしない話が苦手なだけなのに、勝手に要約して、「なんて自分は論理的で賢いんだ！」とうっとり……。本当に頭のいい人は、つかみどころのない話やとりとめもない話も、きちんとまるごと受けとめてくれます。

というわけで、こういう「賢い人気取り」の「まとめハラスメント」を真に受ける必要はありません。**「勝手にまとめないでよ！」と、心の中で文句を言ってスルー。何も聞かなかったかのように「うん、でね……」と話を続けてみましょう。**

くれぐれも、あなたの気持ちをあなた自身が「要して」しまわないよう、気をつけてくださいね。

「まとめハラスメント」には自分のペースをキープ。

無神経なひと言 7
ご理解ください

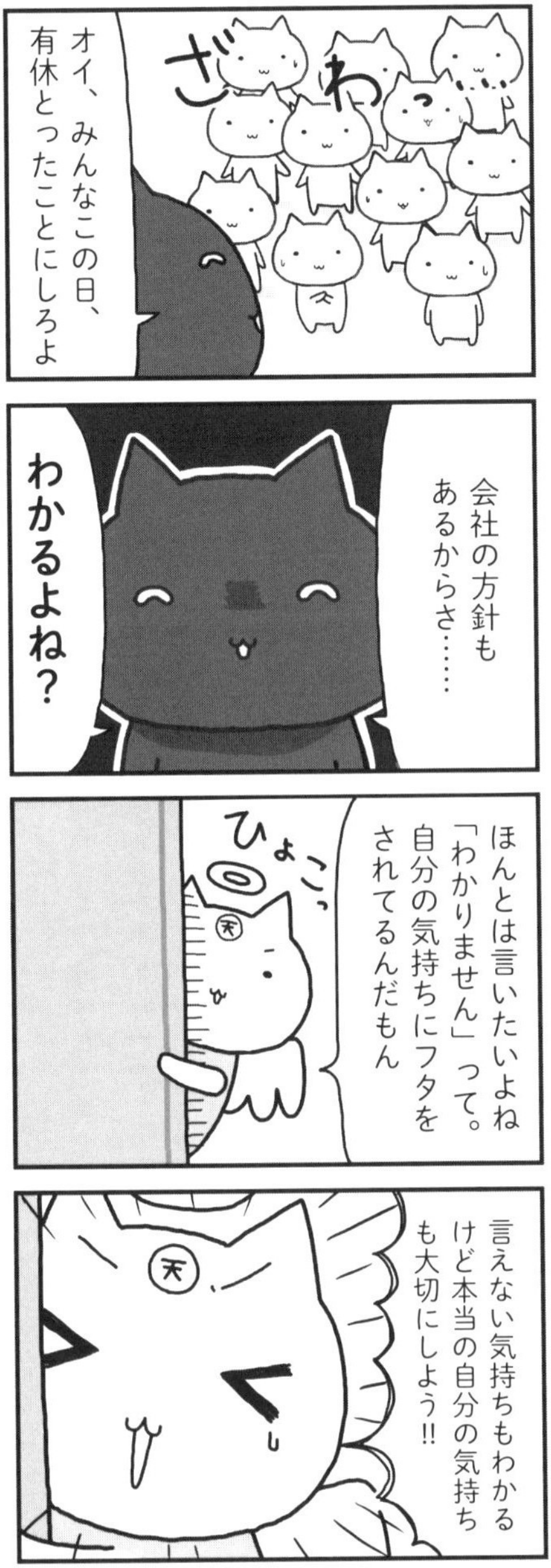
ざわっ……
オイ、みんなこの日、有休とったことにしろよ
会社の方針もあるからさ……
わかるよね？
ひょこっ
ほんとは言いたいよね「わかりません」って。自分の気持ちにフタをされてるんだもん
言えない気持ちもわかるけど本当の自分の気持ちも大切にしよう!!

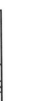

こんなひと言にもモヤモヤ……

ご理解ご協力のほどお願いします

な、わかるだろ?

そこは空気読んでよ

こう考えよう!

わからないものはわかりませーん。
「自分がどう感じるか」を大切にしよう。

新型コロナウイルスが広がってから長い時間が経ちます。その間、自粛を要請する政治家の「ご理解のほどお願いします」というセリフを、何度聞いたことでしょう。

本来、「わかる」「理解する」というのは、自分で「わかったり」「理解したり」するものです。それを「わかれ」「理解しろ」と言われると、どうもスッキリしない。ウイルス・医療・政治について、わからないことは多い。でもそれを国民に対して**「わかるように説明する」のではなく「いいからわかれ」「とりあえずがんばれ」と言うだけ。これでは、押しつけられているような、丸投げされているような、でモヤモヤします。**

同じことはコロナ関連以外でもありますよね。

たとえば上司が、「おい、みんな。この日、有休とったことにしろよ……わかるだろ?」と言い、周囲の同僚が「はい」と口を揃えたら、どうします? つい自分もうなずいてしまい、それでもイヤ〜な気分が胸の中に充満するはずです。

こうした「わかるだろ?」のよくないところは、従わない場合に「ダメな人」認定されることです。**「わからない」とは言えない。言ったら白い目で見られる。これが**

悪名高き、「空気を読め」であり「同調圧力」です。

どうしても納得がいかない。かといって声をあげることもできない。

そういう場合は、すっとぼけて上司に「『何を』ですか？」と尋ねる、という抵抗もアリじゃないでしょうか？　「『何を』ですか？」→「『何を？』って……。わかるだろ？」→「いや、ちょっとよくわからなくて」→「……」

もちろん、これで全体の空気が変わるなんてことはないでしょう。ほんのささやかな抵抗です。でも、**「自分の気持ちに嘘をつかなかった、全面的には受け入れなかった」という事実が、あなたの良心を守ります。**同調圧力に従えば表面上は無事ですが、考えもせず自分を曲げたことは、もっと深いところであなたを傷つけるのです。

実際にはできないかもしれないけれど、こういう「心の守り方」もあるということを、頭の隅に置いておいてください。

「空気」に従えば安全。
でも心の奥深くが傷つくかも。

無神経なひと言

8

人見知りなんで

スイマセン、自分、人見知りで……
そうなんだ！
新人だしフォローしてあげなきゃ
おはよ
あ、どうも
紹介するね
ありがとうございます
なんかあの子といるとつかれるんだよな～
ふぅ
なんでこんなフォローしないといけないんだっけ
まさか……
スイマセン
自分、人見知りで
あれは気をつかわせるための先手だったのか!?

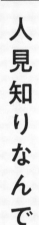

こんなひと言にもモヤモヤ……

新人なので

不案内なので、
ご迷惑おかけするかもです

お聞き苦しいところ
あるかと思いますが

こう考えよう！

それは大変ですね。でも
「あいさつ」程度に聞き流しますね。

無口でいつも下を向いている新入社員に「大丈夫？」と声をかけたら、「すみません、私、人見知りで……」とひと言。

優しいあなたは「あ、そうなんだ！　気がつかなくて可哀想なことをしたな〜。頑張ってフォローしなきゃ」と思うでしょう。

でも、その後、その新入社員にあれこれ話しかけたり手助けしたりしても、どこか空回りしている感じがしませんか？　むしろ「なんかこの子といると、めっちゃ疲れるな」と消耗するばかり。

それもそのはず。この言葉は一見謙遜《けんそん》しているようですが、実はある意味「ずるいひと言」だからです。

最初に自分のできないことを言う（セルフハンディキャッピング）のは、「だから私に気をつかってくださいい」というメッセージ。**「あとあと失礼があっても大目に見てもらえますよね？　だって最初に言いましたもんね？」という、したたかさも匂います。**だからモヤモヤするわけです。

これとちょっと似ているのが、結婚式のスピーチの冒頭で「僕は元来話下手で、本日スピーチという大役をいただいて、どうしたものかと大変緊張しており……」と、やたら長い前置きをする人。これも、最初にハードルを下げる作戦ですね。

この手の小さなエクスキューズや予防線は、「話半分」で聞くのがおすすめです。優しい人ほど「人見知りなのか！」「口下手なのね！」と本気にしてしまいますが、**相手はそれほど本気では言ってない場合がほとんど。ただの「よろしく」や「こんにちは」のような、あいさつだと思ってOKです。**

よく、ご年配の方がお土産を渡しながら「つまらないものですが」と言いますよね？「人見知り申告」もそれと同じ。あなたが頑張って、なんとかしてあげようとしなくても大丈夫です。

「はい、どうもー」「そんなそんな」と聞き流しましょう。

「人見知り宣言」はただの「あいさつ」。聞き流してOK。

無神経なひと言

9 怒るなよ～

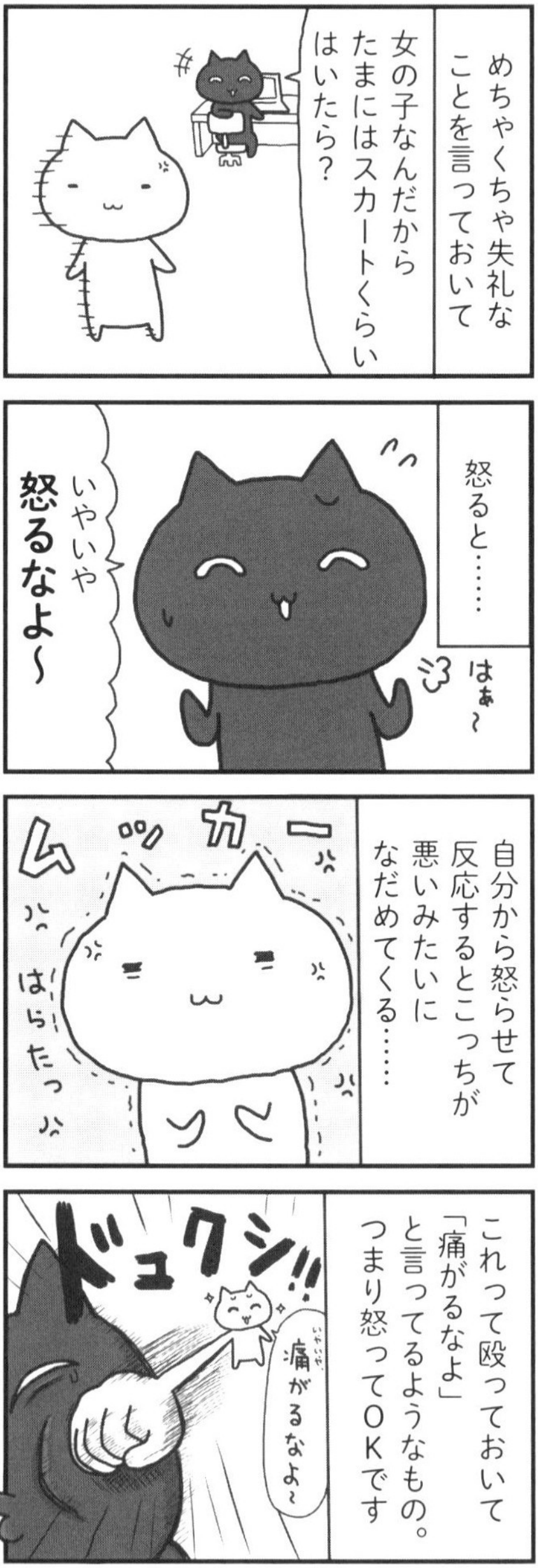
めちゃくちゃ失礼なことを言っておいて
女の子なんだからたまにはスカートくらいはいたら？
怒ると……
はぁ～
いやいや怒るなよ～
自分から怒らせて反応するとこっちが悪いみたいになだめてくる……
ムッカー
はらたっ
これって殴っておいて「痛がるなよ」と言ってるようなもの。つまり怒ってOKです
ドュクシ!!
痛がるなよ～

こんなひと言にもモヤモヤ……

ムキにならないで

ノリ悪いな～

大人げない

こう考えよう！

いや、怒るし。
怒る権利あるし！

しつこい見た目いじり、時代遅れのセクハラ、納得いかない不当な扱い……。

そういう目に遭《あ》うと、イライラを通り越して「ひどい！」「最低！」「最悪！」と、怒ってしまうときってありますよね？　それだけでも辛いのに、そうやってあなたが機嫌を損ねると、「怒らないでよ」「楽しくやろうよ」「機嫌直して」と取りなしてくる人っていませんか？

それでこちらの怒りが収まるかというと、むしろ逆！　言いたいことが次々浮かんできてパニックに。とりあえずその場を離れたくなります（ちなみに私は小さいころから、こういうことを言われるのが大の苦手でした）。

「怒るなよ～」は、人の感情に勝手にフタをしてくる言葉です。あなたは怒っている。真剣に怒っている。それに対して「怒るな」という権利は誰にもありません。

さらには、まるで怒ったこっちが悪いかのように、上からなだめてくるニュアンス。これも頭にきますよね。
相手としてみれば、気まずさをごまかしたいのかもしれませんが、結果的には、何重にも腹が立ちます。

「怒るなよ」と言われて「確かに、怒るのは大人げないな」「あ、今、私、余裕ないな」などと反省する必要はありません。

本来、繊細で心優しいあなたが怒ってるのですから、それは相当のことです！

むしろ「はぁ？　怒るし！」「寝言は寝てから言ってくださいね」と、**心の中で思いっきりキレましょう。我慢は身体によくありません。**

怒る権利、理不尽な扱いを拒否する権利があなたにはあります。それをいつでも行使できることを忘れないでくださいね。ノリだの空気だのなんて、豪快に無視しちゃいましょう！

「怒るな」と言われたら むしろ怒ろう！

第3章

マウントを取ってくる

無神経なひと言 10 私だってそうだった

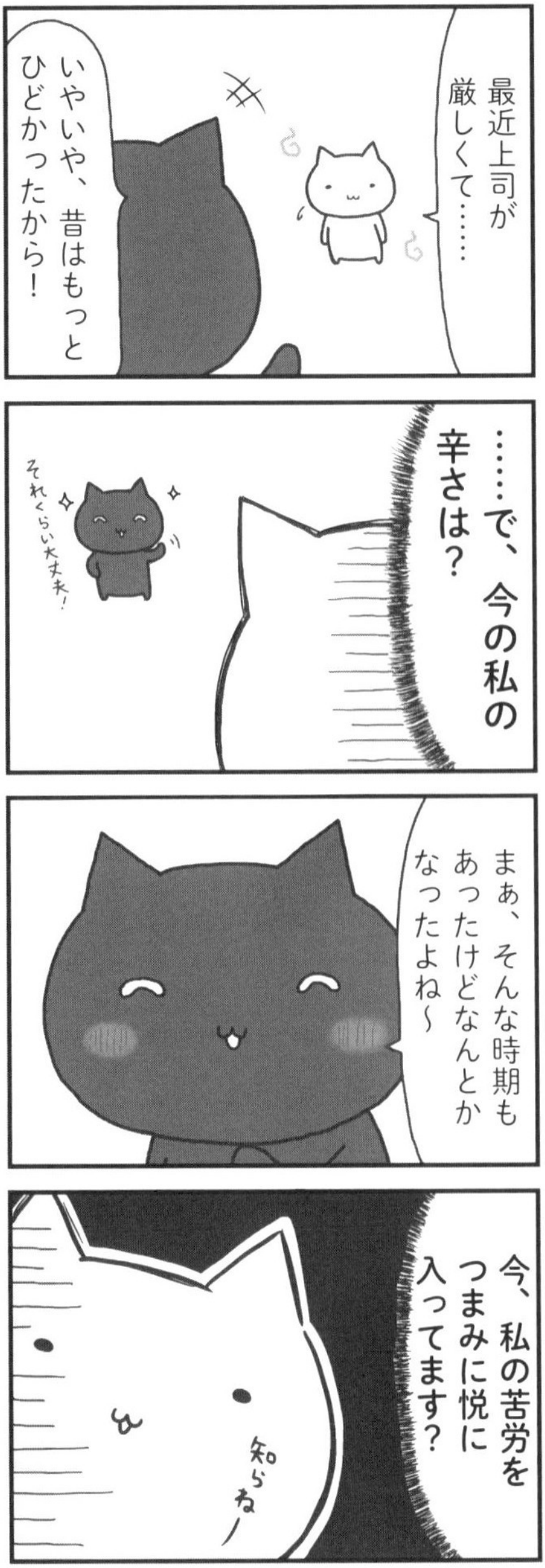
最近上司が厳しくて……
いやいや、昔はもっとひどかったから！
……で、今の私の辛さは？
それくらい大丈夫！
まぁ、そんな時期もあったけどなんとかなったよね〜
今、私の苦労をつまみに悦に入ってます？
知らねー

こんなひと言にもモヤモヤ……

昔はもっとひどかった

苦しいのはみんな同じ

あなたはまだいいほう

こう考えよう！

ありゃー、話す相手間違えたー。
ここはひとまず退散！

「仕事が辛い」と愚痴《ぐち》ったら「オレだって若いころは悩んだもんだ」

「時間がなくて」と嘆《なげ》いたら「私だってそうだったよ。でも時間はつくらないと」

先輩や年長者に悩みを相談すると、思わぬ逆襲に遭《あ》うことがあります。

「わかるよ」と共感してくれたかと思いきやすぐに、いかに自分の若いころのほうが大変だったかのアピールが始まるので、こちらとしては「はぁ……」と黙るしかありません。

冷静なときなら、「え、でも、それってあなたの話ですよね」「私には私の事情があるんで、聞いてもらっていいですか？」と思える（言えないけど）わけですが、メンタルが落ちているときは、そうもいきません。

次第に、「あれ？　私の悩みってちっぽけ？」「これくらいで悩んじゃダメなのかな」という気がしてきます。で、その場が終わると結局、何も解決してないわ、なぜか落ち込んでくるわで、参ってしまいます。

そもそもの話、こちらの悩みに対して昔話・経験談を持ち出して説教してくる人

は、自分が輝いていた記憶に浸《ひた》りたいだけです。それは「親身になってくれている」とは言いません。本当に親身になってくれる人は、自分の話はさておき、目の前のあなたの問題に集中してくれます。

ですからくれぐれも、先輩の「私だってそうだった」を真に受けて「私の悩みなんてくだらないのか……」と落ち込んだりしないでくださいね！

今現在、辛い思いをしているのは、他ならぬあなた。

相手が「私だって」と始めてきたら、すかさず「あー、昔話が始まったなあ」と心の中でツッコミましょう。

その場は失礼のないよう笑顔で「ありがとうございました、ためになりました」と表面的にお礼を言って、一刻も早くその場を切り上げる。他人の思い出話につき合うよりも、早く帰って寝たほうがメンタル回復には効果的です。

昔話・苦労話をしてくる人には相談しない。

無神経なひと言

11 あなたにはわからない

大変だよね
気持ちわかるよ
やめて!!
恵まれてるあなたには
わからないよ!!
わからないけど
大丈夫だよ
ひどい!
なんでわかって
くれないの?
わかっても
わからなくても詰む状況
ゴォォ
詰んだ!!
ゴォォォ
「余計なこと
したのかな」と
自分を責めがちですが
「手をさしのべたい」って
思った温かい心を
否定しないでください
ゴォォォォ
バッ
なんかあったら
連絡して〜〜
「今は何を言っても
届かないんだな」と
いったん避難しましょう

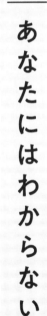

こんなひと言にもモヤモヤ……

あなたはいいよね

もう、ほっといてよ

どうせ私なんてさ……

こう考えよう!

相当辛いんだな……。
一旦離れて見守ろう。

失恋して傷ついている友達を慰《なぐさ》めようとしたら、「私の気持ちなんかわからないでしょ？　ほっといて！」

仕事で失敗した後輩をいたわろうとしたら、「そのときのオレの気持ちわかります？　どうせオレなんて……」

こう言われちゃうと困ります。じゃあ、どうすればいいの？　**「わかるよ」と答えても、「わからない」と答えても、どっちも火に油を注ぎそう。**「余計なことしちゃった……」「かえってイヤな思いをさせたかも……」と反省して落ち込むこともあるでしょう。

でも、だいじょうぶです。仮に相手が怒ったとしても、「この人を支えたい」と思ったあなたの優しさに嘘はないのですから。その温かい気持ちまで否定しなくてＯＫです。

これはいわば「事故」のようなもの。ケガしてるネコって、差し出された指にむやみにかみつきますよね。あれと同じで、ごく自然な避けられないこと。**周囲が自分よ**

り幸せに見えて腹立たしい。だから「上から目線で哀れまないでよ！」と、攻撃モードに入ってしまうのです。ネットの炎上案件も、大抵はこれが原因です。

こんなときは、「少しだけ距離を取る」のがおすすめです。

「わからないでしょ」と言われたら、「わかる」とも「わからない」とも言わずに、「でもさ、あなたが傷ついてると私も辛いよ」とだけ伝えましょう。私はあなたを大事に思っている、ということを「Iメッセージ」で伝えるのです。

そして「続きを話したくなったら連絡して」と伝えてその場を離れましょう。

相手に選択肢を残しつつ、攻撃されない距離でそっと待つ。これがお互いに傷を増やさずに済む方法。キーワードは「ケガしたネコ」です。

かみついてくる人には
気持ちだけ伝えて距離を取る。

無神経なひと言

12 それって根拠あるの？

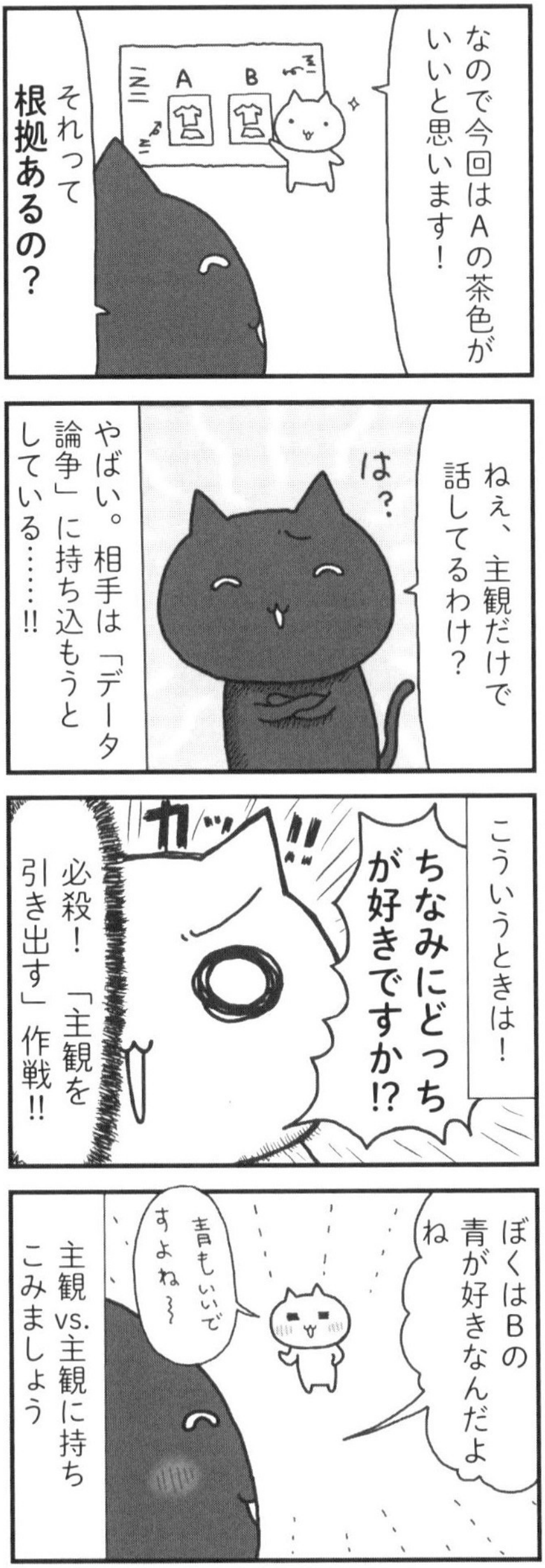
なので今回はAの茶色がいいと思います！
A
B
それって根拠あるの？
ねえ、主観だけで話してるわけ？
は？
やばい。相手は「データ論争」に持ち込もうとしている……!!
こういうときは！
ちなみにどっちが好きですか!?
カッ!!
必殺！「主観を引き出す」作戦!!
ぼくはBの青が好きなんだよね
青もいいですよね～
主観vs.主観に持ちこみましょう

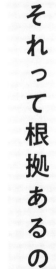

こんなひと言にもモヤモヤ……

エビデンスは？

でもそれって、君の主観だよね？

もっと論理的に話してくれる？

こう考えよう！

すみません、主観でした。
で、あなたはどう思います？

理屈ではなく直感的に「これはいい！」と思うこと、ありますよね。仕事をしてても、そういう閃《ひらめ》きでつくった企画のほうが魅力的になることもしばしばです。

でも、そういう企画って、会議で攻撃を浴びやすいのもまた事実。

「思い切って茶色にしてみたらどうでしょう？」

「どうして？　根拠は？　何か確信でもあるの？」

「最近、主婦層はシックな色を好む人が多いように見受けられ……」

「『見受けられ』って何？　データとった？　単に君の主観じゃないの？」

……繊細な人は、もうこの時点でくじけてしまいます。**否定される辛さ、論破される恐怖に「ひえー、ごめんなさい～」と、逃げ出したくなります。**

でも、そんなに縮こまらなくていいんです。

最初のワクワク感や、これまで培《つちか》ってきたセンスは本物。まずは、自分の感覚を信じましょう！

さらには、論理的でデータ主義の人が、一方的に正しいかというと、そうでもありません。というのも、相手も実は「感覚」で話しているから。**「根拠」とか「デー**

タ」とか言ってますが、結局のところ単に「その案は気にくわない・よくわからない」ということが多いんです。

その証拠に、あなたが根拠を示してもどうせまた文句を言ってきます。「去年のアンケートでは」→「こんなデータ信用ならない」→「最新の数字では」→「調査範囲が狭すぎる」……。これでは埒《らち》があきません、ネバーエンディングストーリーです。

ですからこういうときは、話を「主観vs.主観」に持っていくのがベスト。

「データは？」と聞かれたら「用意すべきでした、すみません」と素直に謝ります。そのうえで「ちなみに、課長ご自身はどんな色がいいですか？」と主観に話を移しましょう。もし相手が「個人的には青が好きなんだよね」と言ってくれれば、ようやく伸び伸び話せますよね。

繊細な人は、強く出られると反射的に白旗を挙げちゃうクセがあります。が、怖がらなくてOK。ゆっくり自分のペースで話しましょう。

データ主義の人も結局は主観。怖がり過ぎなくてOK！

無神経なひと言

13

そういう人いるよね

インド旅行が好きで……
あぁ〜そっち系？
リモートワークだとなかなか集中できなくて……
そういう人いるよね〜
ネコなのに魚がだめで……
あぁ〜〜いるいる〜〜
お前みたいな「レッテル貼る系」
いるいる〜〜
そしてキライ!!

こんなひと言にもモヤモヤ……

○○するタイプね

最近よく聞くよね

みんなそれ言うよね

こう考えよう！

出た、「レッテル貼りタイプ」の人！
貼られたら貼り返しますよー！

「私、ウニとイクラが苦手なんです」「ああ、そういうタイプね」
「私、インド旅行が好きで」「ああ、そっち系の人？」
「リモートワークが続くと、なんか孤独で」「みんなそれ言うよね」

……どうです？　なんかモヤモヤしませんか？　「私」のことを話したのに、**「大きなカテゴリー」でくくられる。レッテルを貼られる。話の内容をちゃんと聞いてもらえてないような、話がどこかかみ合わないような、空振りの気分。**

レッテル貼りグセのある人には、いくつかのタイプがあります。

まずは、フォローのつもりで言っている人。「あなたは一人じゃないよ」「同じ考え・悩みを持つ人は多いよ」と伝えることで、あなたが安心すると考えているのです（確かに「自分だけじゃない」と聞くと安心する場合もありますよね）。

次に、レッテルを貼らないと不安な人。頭の中に「人間キャラクターマップ」を描いていていて、**そこにあなたを位置づけないと気がすまない。そうしないと、あなたの話を落ち着いて聞けないのです。**

最後は、例によってマウンティング目的の人です。頼んでもないのに「君なんて特別じゃないよ、普通だよ」と言ってくる。オリジナルなセンスを持ったあなたを、認めたくないのです。

と、このようにタイプ分けすると、わかりやすくないですか？　一瞬、「なるほど！」と思いませんか？

そうなんです。こういうレッテル貼り・カテゴリー分けって、私たちもついやってしまうんですよね。なんと言ってもわかりやすいし、便利なので。無意識にやっちゃうところが、怖いですよね。

でもまあ、ここは開き直って、レッテルを貼られたらレッテルを貼りかえしましょう。具体的には、心の中で「はいはい、この人はレッテルを貼りたいタイプね」と唱えるのです。黙ってモヤモヤするより、ずっと健康的です！

レッテルを貼られたら貼り返してガス抜きを！

無神経なひと言

14

あなたも悪くない？

ねーきいてよー
上司が忙しくなさそうなタイミングで報告したら「もっと早く報告しろ」って怒られてさ～
ひどくない？
ねーねー
彼氏
でもそれってさー……
お前も悪くない？
は？
ひゅうううううぅ
いや、わかってるよ
吐き出したいんだからいいから聞いててよ
わかってねーな

こんなひと言にもモヤモヤ……

あっちはあっちで大変だったんじゃない?

仕事ってそういうもんだよ

それって甘えだよね

こう考えよう!

そんなことわかってます!
でも今は優しくしてくださいー!

友人に仕事の悩みを相談しているとしましょう。
「上司がね『なんで早く報告しなかったんだ』って怒るわけ。でもさ、ずっと忙しそうにしてたから、こっちも気をつかってたんだよね」
「え、でもさ、それってあなたも悪くない？」
「……あ、うん、そうなんだけど……」

ただでさえ上司ともめてダメージを受けているのに、さらなるダメ出しにガクッと腰が砕けます。味方だと思っていた人からの冷たいひと言。裏切られたような気持ちになるし、顔がカアッと熱くなります。

友人としては意地悪をしているわけではなく、むしろ、親切で言ってるつもり。「冷静な私が指摘してあげよう」とでも考えているのかも。普段は一緒に共感してくれる人が、突然「正論モンスター」になると、びっくりしますよね。

さて、このやりとりがモヤモヤする理由は「自分でもわかってる」から。ちょっとは私も悪かった。そんなことは指摘されるまでもなくわかってる。

でも今は動揺しているからとにかく話したい、聞いてほしい。それなのに批判され

た。**説教された。**子どもみたいに「うるさいなあ」と文句も言えないし、悩みは解決しないしで、踏んだり蹴ったりです。

では、ちょっとした悩みを相談するのはダメなのでしょうか？　なんでもまずは自分の非を認めてからじゃないと、人に話してはいけないのでしょうか？

そんなことはありません！　辛いときは甘えてOK。人間だもの。

でも、言い方だけ気をつけるとよくて、おすすめは「何も言わずに聞いて」「アドバイス要《い》らないから」「優しくして、甘やかして」と最初に宣言する方法です。そうすれば相手は「オッケー！」とただただ聞いてくれるでしょう。

……そうなんです、もちろん、そんなことを言わなくても「うんうん、辛かったね」と甘やかしてくれる相手がいればベストなんです。ですが、こればっかりはしかたがありません。なんとか工夫して生き延びましょう！

甘やかしてほしいときは「甘やかして」と依頼する。

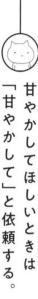

無神経なひと言

15 私なんか

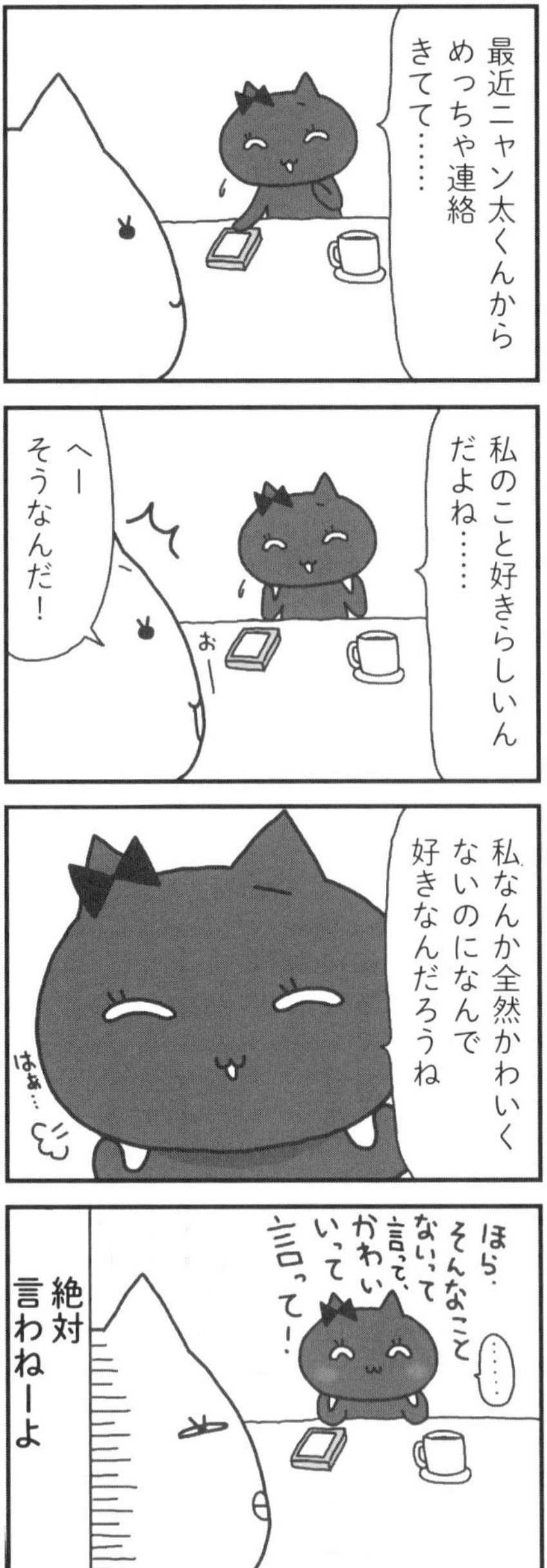
最近ニャン太くんから
めっちゃ連絡
きてて……
私のこと好きらしいん
だよね……
へー
そうなんだ！
おー
私なんか全然かわいく
ないのになんで
好きなんだろうね
はぁ…
ほら、そんなこと
ないって
言って、
かわいい
いって
言って！
……
絶対
言わねーよ

こんなひと言にもモヤモヤ……

オレみたいな適当な奴が
よく営業つとまるよな～

センスないから
いつも同じ格好になっちゃう～

こんな料理しか出せなくて
ごめんね～

↓

こう考えよう！

始まった、「自虐コント」！
まぁ、乗ってあげるけどね。

「私なんて全然可愛くないのに……。彼って私のどこがいいんだろ」

「オレなんて数字弱いのに、よく営業できてると思わない？」

こういう謎の自慢（？）トークに出くわすこと、ありませんか。普通の自慢話に比べて、なんだかモヤモヤするし返答に困ります。


なぜかというとこれは「自虐自慢」トークだから。

「可愛くない」と自虐しつつ「彼氏がいる」ことを自慢。「数字に弱い」ことを自虐しつつ「営業マンである自分」を誇る自慢。あからさまに自慢するのは角が立つから、やわらげつつ自慢するテクニックです。

こちらとしてはまずは〝自虐部分〟を「そんなことないよ」とフォローしつつ、同時に〝自慢部分〟にも「すごいねー」と乗ってあげなくてはいけない。ああ忙しい。手間がかかる……。

気持ちよくなった相手は話が止まらないし、結局のところ「すごいでしょ？」とマウンティングしてくるわけなので、心もすり減ります。

つい、意地悪な気持ちが芽生えて「ほんとだね、全然可愛くないのにね」「数字、絶望的にダメだもんね」と逆襲したくもなりますが（笑）、気の優しいあなたにはハードルが高いでしょう。

なのでここはとりあえず、〝自虐部分〟には触れず（下手に触れると地雷を踏むことになるので）、〝自慢部分〟に強めに乗っかりましょう。

「はい、のろけきたー！！」

「さすが、営業部のエースは違うね〜」

と冗談めかして持ち上げるのです。

「自慢ですね、自慢したいんですね、どうぞどうぞ」というニュアンスを出せば、相手も恥ずかしくなって「いや、そういうんじゃないけど（ごにょごにょ）」と引き下がってくれます。


古い日本映画で、のろけられた女優さんが「まあっ、ごちそうさま」と言っていますよね、あのイメージです。祝福しつつも「はい、そこまで」というストップの意味も含んだ、素敵な日本語だと思いませんか？

自虐自慢は、強めに乗っかって笑いに変える。

第4章

言葉が冷たい

無神経なひと言

16

問題ありません

これ明日までにたのむよ
カタ
カタ
カタ
ね……眠い……
でもがんばるぞー
部長……できました!
ボロッ…
お、どれどれ
うん。
問題ないわ
It means
「パーフェクト」
はい、リピートアフターミー
やったー
問題ない=完璧

こんなひと言にもモヤモヤ……

特にありません

これで大丈夫です

はい、結構です

こう考えよう！

つまりは「完璧で素晴らしい」
ってことでいいですか？

「今日中にお願い」と頼まれた急ぎの仕事。素早く、かつ丁寧にやらなければ。落ち着け、私。がんばれ、私。

数時間後、なんとか仕上がったので、意気揚々《いきようよう》と見せに行ったらチラッと見て「うん、問題ないね」とひと言……。

「えー？　それだけーー!?」と思い**ますよね。なんかこう、もうちょっとありませんか？　ちゃんと見てます？　私なりにすごくがんばったんですけど……。**でも粘ってほめ言葉を待つのも変だから、スゴスゴと自席へ戻りつつも、心はモヤモヤ。

なぜ私たちが「問題ない」にモヤモヤするのかというと、「NG（no good）ではない」と言われているだけで、「good（よい）」とほめられているわけではないから。**あっちとしてはほめてるつもりでも、こっちとしてはほめられてる感が薄い。だから「なんだかなあ」と落ち着かない。**

ですがそこで「私の仕事の出来栄えはその程度か……」なんて気落ちする必要はありません！　この「問題ない」は、長年社会人をしていると誰でもやってしまいがちなクセなのです。

〝確認〟という行為には、悪いところを探す「ネガティブチェック」と、良いところを探す「ポジティブチェック」の2種類があります。

で、仕事では断然、ネガティブチェックのほうが多くなります。「計算ミスはないか」「サイズに狂いはないか」といった具合にミスをつぶしていくのが、お仕事というもの。

がんばったほうとしては、「よくできてる」とか「こんな短時間ですごいね！」とかポジティブチェックしてほしいところ。ですが、イチイチそんなことしてられないよ、というのが仕事人間たちの言い分です。

であればしかたありません。足りない言葉は自分で補っちゃいましょう！

「問題ない」と言われたら、**「いやー、完璧で素晴らしい。あなたに頼んでよかった。これからも頼りにしてるよ、ありがとう！」と、脳内で勝手に翻訳するのです。**

そうすれば気分もよくなりますよね。

そしてもし、自分が同じ立場になったときはポジティブなほめ言葉を、ぜひかけてあげてくださいね。

「問題ない＝完璧」。
頭の中で勝手に翻訳する。

無神経なひと言

17

そりゃそうだ

いや〜緊急事態宣言明けの電車、ギューギューでした……
そりゃそうだ
あ……なんか当たり前のこと言っちゃった
しゅん…
その反省必要なし！
ビリッ
あ……なんか当たり前のこと言っちゃった
当たり前は悪いことじゃないし、大切なあなたの経験なんだから
「道端で宇宙人と会った」しか言えないほうがヤバくない？
たしかに……

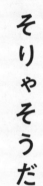

こんなひと言にもモヤモヤ……

ありがち

あるある

当たり前じゃん

こう考えよう！

はい、普通の話です。
でも、話したいから話します。

緊急事態宣言明けの電車内。大変な混雑だったので、帰宅後「電車、ギューギューだったよ！」とパートナーに伝えたら、「そりゃそうだろ」。……ショック。

久しぶりに会った学生時代の友人に、「最近さ、もうちょっとで契約とれそうだったのに最後の最後でダメになったんだよね～」と仕事の愚痴をこぼしたら、「ありがち～！」と笑われた。……ショック。

まるで「知ってたよ」「よくあること」と上から目線を突きつけられたようですし、「その話は驚きがないのでつまらないです」と言われているようで、テンションが下がります。「当たり前のことをいちいち騒ぐな」と責められてる気持ちになって「普通のこと言ってごめん……」と反省してしまいかねません。

こちらとしてはもっといいリアクションを期待してたわけです！「えー！！」と大げさに驚いてとまでは言いませんが、せめて「そうなんだー」「それは大変だったね」と受け止めてほしい。でないと「そうなの。いつもなら●●駅で空くんだけど、そこからも押し合いへし合いで」「だってさ、半年かけたプロジェクトなんだよ」と会話を続けられません。

だいたいですね！　世の中の話のほとんどは「普通の話」です。目新しい話、面白い話なんてそうそうありません。なんでもない話だって、胸を張っていいのです。

そもそも！　そういう**「世間ではよくあるかもしれないけど自分としては感情が動いた話」を和気《わき》あいあいと話せるのが、パートナーであり友人であるはず。**こっちだって相手を選んで話しているわけです。それを訳知り顔で「そりゃそうだ」「ありがち」とスカした態度をとるなんて。プンプン。

というわけで、これからはそういうクールな反応をされても気にするのはよしましょう。まるで「そうなんだね！」と食いついてくれたかのように、**「うん、そうなの。それでね」と、1ミリもテンションを変えずに話を続けましょう。**

自分が感じたことはそのまま口にしていい。面白おかしく話そうとしなくていい。なんでもない会話こそが、楽しい日常なのですから。

オチや驚きのない話でも
バンバンしていきましょう！

無神経なひと言 18
めんどくさい

よし！ じゃあ この方向でいこう！
あ、でもここをこうしたほうが……
えー？ なんだよ、めんどくさいな～
この言葉
ズーーン
めんどくさい
すごく傷つきますよね
それって あなたは正しいって ことだよ
よいしょ
めんどくさい
ひょいっ
くやしまぎれに 八つ当たりしてるだけ。 気にしなくていいよ
ぽいっ
めんどくさ
ぐえっ
そっか！

こんなひと言にもモヤモヤ……

それは正論だけどさ

細かいなぁ

しつこいなぁ

こう考えよう！

正しすぎて、すみません。

でも、とりあえず言いますねー！

決まりかけた企画案。ここで細部を決めておかないと二度手間になる。だから「もう少し詰めたほうが」と助言をしたら「めんどくさいなあ」と言われる……。飲食店の入り口に段差があって入りにくい。「入口をバリアフリーにしては？」と言うと、「めんどくさい人が来た」と顔をしかめられる……。

すごくショックです。傷つきます。

こっちだってめんどくさい人になりたいわけじゃない。繊細なあなたは気づいてしまうから言っただけ。のちのちもっとめんどくさいことにならないよう、注意しただけ。それなのに……。

「めんどくさい」とは「面倒=コストがかかる」という意味。「あなたとつき合うのは大変」「コストがかかるから避けたい」と言われるわけですから、そりゃ傷つきます。「それなら何も言わずに黙っておこうかな」とためらってしまいますよね。

ですが、こうは考えられないでしょうか？「めんどくさい」と言われたとき、大抵の場合あなたは「正しい」のも事実です。

あなたが言ったことが見当違いだったり間違ってたりしたら、相手は「めんどくさい」とは言ってきません。正しいし的を射ているのです。だからこそ相手はグウの音も出ない。腹立ち紛《まぎ》れに「めんどくさいなあ」と八つ当たりをしてきているだけ。いわば「宿題やりなさい」と言われて拗《す》ねている子どものようなものです。

つまり「めんどくさい」は、「あなたは正しいです。参りました。すみません」と白旗を上げているサインとも言えます。

人より気づいてしまうんだからしかたない。あとで大事故になったときに「言っておけばよかった」と後悔するよりマシ。

ですから、取りあえず言いましょう。そして、「めんどくさいなあ」と言われたら、内心**「そっか、やっぱり私は正しいことを言ったんだ」とガッツポーズしたうえで、話を引っ込めてもいいし、続けてもOK。**「正義は必ず勝つ」ではありませんが、その正しさを評価してくれる人は必ずいます。

「めんどくさい」は「正しさ」の証。自信を持って！

第 5 章

遠回しに
バカにしている

無神経なひと言

19

言ってる意味わかる？

つまりはですね、グローバル社会に適応するコンピテンシーを……そして〜〜
……あ、言ってる意味わかります？
あっ……えっと……
はい、ドーン
!!
天
言ってる意味がわからないのは
あなたの伝え方がよくないからでーーす

こんなひと言にもモヤモヤ……

ちょっと難しかった?

追いついてきてる?

わからない話してごめんね?

こう考えよう!

わかりませーん。
わかるように話してくださーい!

先輩から仕事のやり方を説明されてるとき。必死にメモを取っていると、「言ってる意味、わかる？」。

最近「意識高い系」にかぶれている彼が、謎の横文字を連発してきたあげく、「あ、ごめんね、難しい話しちゃって」。

……これはイラッときます。「あなたはおバカさん」「あなたは子ども」とこちらを下に見てきています。

さらにやっかいなのが、「バカにしないで！」と怒りつつも、実際わからなくて内心「私の理解力が足りないのかな？」と焦ってしまう場合。わからないけど、わかったフリ。イライラする＆頭はこんがらがる、でパニックです。

相手が「話が伝わっているかどうか」を確認してくること自体は悪いことではありません。むしろ、とてもよいことでしょう。

ですがその場合、**話し手が確認すべきなのは「聞く側の理解力」ではなくて、「話す側の伝え方」。「ねえ、わかってる？」ではなくて、「この伝え方で大丈夫？」であるべきなのです。**具体的には「早口じゃない？」「わかりにくくない？」という風に聞いてきてほしいもの。
そうではなく、まるで「わからないお前が悪い」とでも言わんばかりで偉そうだからモヤモヤするのです。

コミュニケーションの大前提として、話の責任は始めた側にあります。ですから、もしわからなくても「ヤバイ……」と焦るのはよしましょう。わからないときには、すかさず「わかりません」とハッキリ言えばいいのです。その際「私、頭が悪くて……」「すみません勉強不足で……」と謙遜する必要もありません。

「わからない」は恥ずかしくない。むしろそう言うことで「はい、わかるように話してくださいよー。責任はそちらにありますからねー」と依頼することができます。

わかるなら「わかる」と言えばいいし、わからないなら「わからない」と言えばいい。どっちにしろ相手にがんばってもらいましょう！

わからなかったら「わかるように話して」でOK。

無神経な
ひと言

20

前にも言ったけど

ちょっと！
前にも言ったけど
ここに置かないで
はっ
ごめ……
ごめんなさ……
前にも言われたのに
覚えてなかったんだ
すっかり
忘れてた……
プルプル
すっかり忘れられる
伝え方をするほうも
どうなんだろうね
あっちにも責任あるし
ドンマイ！
気にすんな
ありがとう

こんなひと言にもモヤモヤ……

いつも言うけど

何度言えばわかるの？

だ～か～ら～！

こう考えよう！

確かに！　言われたかも！
でも、また言ってくださいね！

上司から「前にも言ったけど、この書類はこの形式で出してね？」と言われる。

家族から「何度も言うけど、トイレの電気はその都度《つど》消して」と言われる。


……どちらもほんのりと傷つきます。

叱られただけでも凹《へこ》むのに、「前にも言われたっけ」「覚えが悪い」「学習能力……」と自らを責めてしまうことに。

繊細な人なら、ウンザリしている相手の気持ちも感じ取ってしまい、いたたまれない気持ちになります。


ですが、気にすることはありません！

まずは、「だから言ったでしょ？」のページでもお伝えしたように、ほんとに前もって注意を受けたかどうか怪しいものです。相手が勘違いしてる可能性もあります。

さらには、「言ってる意味わかる？」のページでお伝えしたように、基本的にコミュニケーションは**「話すほうに責任がある」のですから、記憶に残ってなかったら、それは相手のせい。**「だって覚えてないんだもん」と開き直るのもおすすめです。

……とはいえ、そんなに図太い神経ってなかなか持てないですよね。相手のせいだろうがなんだろうが、叱られたら凹みます。

そこで、こう考えてみてはどうでしょうか？「前にも言ったけど」の部分を頭の中で完全に消すのです。そこだけ〝ピー音〟で聞こえなくするイメージです。

だいたい「前にも言ったけど」自体、あまり意味のない言葉です。「だからどうしました？」ぐらいのこと。話のポイントは、書類の形式であり、トイレの電気を消すことにあります。だから、**前半は聞き流して、後半だけを耳に入れるようにするのが、お互いにとってハッピー**。

そう考えるためのコツとして、言われた瞬間、「ええ、また言ってくださいね」「覚えられないんで、またお願いしますね」と心の中でペコリと頭を下げるのもおすすめです。

「前にも言ったけど」は「また言ってください」でスルー。

無神経なひと言

21 なんでだと思う？

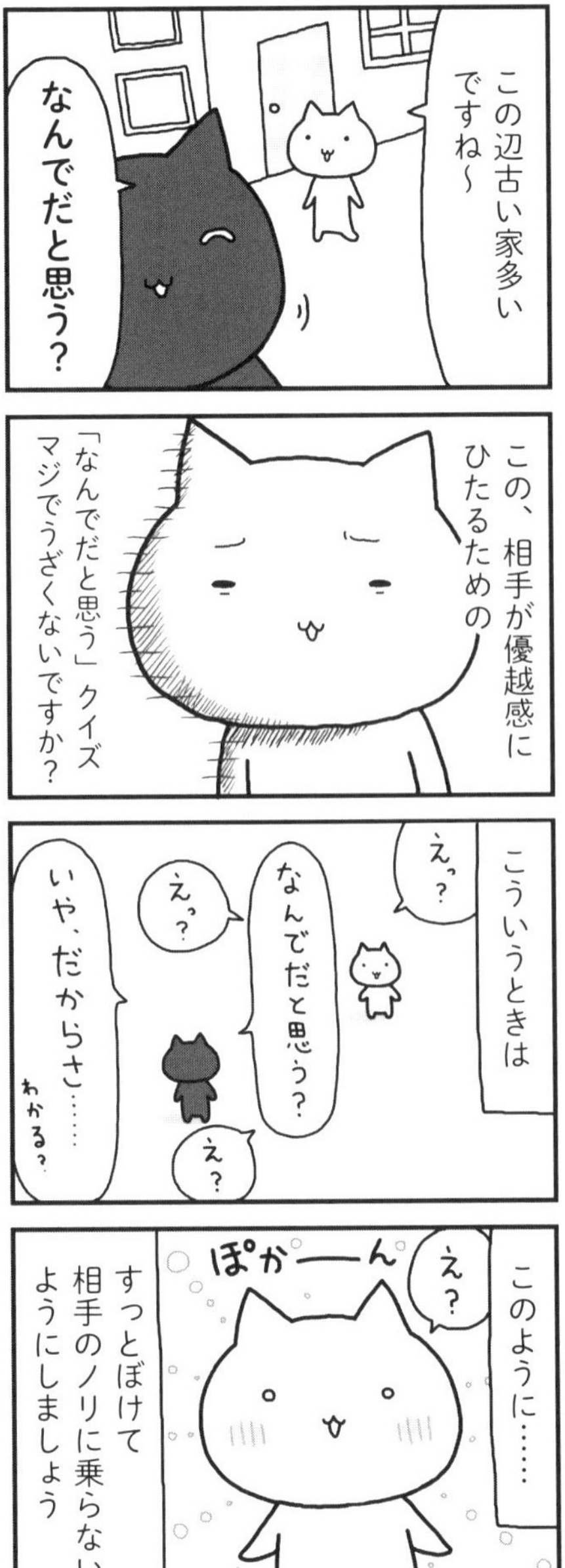

この辺古い家多いですね～
なんでだと思う？
この、相手が優越感にひたるための
「なんでだと思う」クイズ
マジでうざくないですか？
こういうときは
えっ？
なんでだと思う？
えっ？
え？
いや、だからさ……
わかる？
このように……
え？
ぽかーーん
すっとぼけて
相手のノリに乗らない
ようにしましょう

こんなひと言にもモヤモヤ……

当ててみて?

いくつに見えます?

これいくらで買ったと思う?

こう考えよう!

かまってほしいのはわかるけど、
すみません、すっとぼけます!

上司と営業同行中、「この辺って古い家が多いですねー」と話を振ったとします。するとと突然鼻の穴をふくらませて「なんでだと思う?」とクイズを出してきました。「は? 知らないし」とイライラしつつも、邪険にできないので「えー、なんででしょう……?」とつき合ってしまう。

するとさあ大変! 相手はさらに勝ち誇ったように「わからない? ヒントはねー」などとこのノリを続けてきます。間違った答えをすれば「ブブー!」とうれしそうにダメ出しをしてきます。

ああ、心底どうでもいい。でも相手は得意げ。ほとほと困ってしまいます。

私は個人的にこういう人を「クイズさん」と呼んでいます。クイズさんは、ある情報を握っていて「知ってる? 知りたい?」とささやかな優越感を感じている状態。まるで、新しいおもちゃを握りしめて「どう? 貸してほしい?」と言ってくる子どものようです。かわいいと言えばかわいいですが、めんどうと言えばめんどうです。

しかも相手が宝物のように振りかざす情報に、こっちは興味がないのがこの構図の残念なところ。正直、教えてくれなくてもかまわないのでこっちのテンションはグングン下がっていきます。

また、こっちを「試してくる」ニュアンスも匂うのでそれもまたモヤモヤ。それまで普通に会話をしていたのに、突然「さあ、答えてみろ?」と上下の関係になってしまう。「答えられるかな?」という値踏みが始まる……。

そう、これもまた、ある種のマウンティングであり「上から目線」です。

こちらの機嫌がいいときや、相手を立てたいときはつき合ってあげてもいいですが、そうでもないなら、早々にクイズ大会をリタイアするのが得策。

「え、いいから、教えてくださいよ」の一点張りで突破してもいいでしょうし、「わからないです、本当にわからないです」と、回答を拒否し続けてもOK。

ちょっとトリッキーですが、全部「えっ?」で通すのも面白い作戦。「なんでだと思う?」→「えっ?」→「だから、なんでだと思う?」→「えっ?」を延々と続けながら、「その話題、乗る気ないですよ」と暗に伝えるのです。

「クイズさん」は「かまってちゃん」。かわいそうではありますが、すっとぼけ続けて、諦めてもらうしかありません。

「クイズさん」にはすっとぼけ続ける。

あらあら
お箸の持ち方きちんと教わらなかったの？
お育ちが悪く見えちゃうわよ〜？
スポッ
箸の持ち方ひとつで家族のことを悪く言うなんて……
そっちのほうが育ちが悪くないですか？
そんな人に育てられた・・・孫の顔が見てみたいニャー!!
ニャーニャ
ニャーニャ
ガーン

無神経なひと言

22 育ちが悪い

こんなひと言にもモヤモヤ……

お里が知れる

親の顔が見たい

ウチとは釣り合わない

こう考えよう!

え?　本気で言ってます?
そっちのほうが育ち悪くないですか?

「親から結婚を反対されている。彼女の育ちが気にくわないらしい」という友人からの相談を、これまで何度か受けたことがあります。その後、反対を押し切った例もあれば、親の言うとおり結婚を諦めた例もあります。

巷《ちまた》には、箸の持ち方や靴をそろえる所作を見とがめて「親の顔が見てみたい」と嘆いたり、特定の生まれ育ちの人に対して「ほら、あの人は生まれが……」と陰口を言ったりする人がいます。

この「生まれ・育ち」に関する物言いは、他人が言っているのですらハラハラしますし、矛先《ほこさき》が自分に向けられたときは深く傷つきます。

ひとくちに「育ち」と言っても、いろいろな要素があります。家柄・歴史、出身地と環境、親の職業・年収、出身校の有名さ、教育レベル。そのどれもがその人を形づくってきた家族の歴史です。

そうやって目の前の「本人」だけでなく「家族」を巻き込んで攻撃するのは相当タチの悪いこと。よく映画や海外ドラマの中で、悪党が「娘さんは元気か？」と脅《おど》しますが、あれと同じぐらいひどい行為です。

さらには、今さらどうしようもない過去のことを言うのも卑怯《ひきょう》。**これから挽回《ばんかい》しようがない、本人の責任ですらないことを「ここは困る」「あれはイマイチ」「うちとは釣り合わない」とジャッジするのは、人種差別と変わりません。**

「生まれが」「育ちが」と言われるぐらいなら、いっそのこと「その箸の持ち方は見苦しい」「靴はこうそろえるべきだ。今後気をつけてほしい」とストレートに注意されたほうがまだましですよね。それは自分の行動に対するクレームであり、改善できるものだからです（もちろん凹みはしますが）。

もしあなたがこの手の侮辱《ぶじょく》を受けたなら、うつむいたり縮こまったりしないで顔をあげていてほしいと思います。そして、心の中でこう言いましょう。「文句があるなら私個人に言って！」と。

「箸の使い方ひとつで過去も家族も全否定」という雑な暴力に屈してはいけません。

あなたという人の尊厳は「お育ち」ごときで損なわれるものでは決してないのです。

育ちで人を判断する人は相当ヤバイ人。

第6章

余計なひと言を言ってくる

無神経なひと言 23 ～でいいよ

こんなひと言にもモヤモヤ……

なんでもいいよ

適当によろしく

どっちでもよくない?

こう考えよう!

「他人事っぽさ」が気になります。
「どうしたい」か言ってくださーい!

「みんな何飲む～？」「あ、ビール『で』いいよ」
「今夜、あの店に行かない？」「うん、それ『で』いいよ」

……この「で」、気になりませんか？
なんでしょうね、この感情。ガッカリするような、イライラするような、さみしいような……。たった一文字のせいで、こんなにもモヤモヤするなんて。

まず妥協の言葉なのがよくありません。**こちらの提案に対して相手は「それしかないなら、それで……」という姿勢。なんなら「しぶしぶ」というニュアンスすら感じられます。「え、何様ですか？」とガッカリしてしまいます。**

次に「君がそうしたいなら、合わせてあげてもいいよ」という譲歩の響きもモヤモヤポイント。勝手に貸しをつくられているようで気になります。

さらには「スカしている感じ」も気になります。「これがしたい！」という前のめりな姿勢ではなく、クールな態度を気取ってどこか他人事。こっちはまじめに提案したり誘ったりしてるわけです。それをどこか**「おやおや、そんなことで一生懸命で、大変ですねえ」と言われているようで、悲しくなるし、さみしくなるし、怒りもこみ**

上げる。

……うーん、やはり「で」はダメです！　これが同じ意味でも「ビールが飲みたいな！」「そのお店にしよう！」だったら、どれほど気持ちいいか。

よく夫婦間で問題になる「夕飯、何がいい？」「なんでもいいよ」も同じことです。妻にとっての「一大事」が、夫にとっての「他人事」になっていて、そのすれ違いがケンカに発展するというわけです。

人は、自分が大事にしているものを軽く扱われると傷つくもの。ですから**傷ついたなら、その旨を思い切って伝えてみましょう。パートナーに対してなら「私にとっては大事なことだから一緒に考えてほしい」と伝える。**友人や同僚に対してなら「で、●●さんは、どうしたいですか？」とつっこむ。

逃げ腰な相手には、きちんとコミットしてもらいましょう！

引き気味の相手には「どうしたいの？」と確認する。

無神経なひと言

24 メイクすればかわいいのに

メイクすればかわいいのにー
と言われてしまった。
ハァ…
「装わない」も君の立派な選択だよ！
ひょこっ
それを「こうしたほうがいいよ」って否定する言葉なんて
気にしなくていいと思うよ
「私が選んだ私」を大切にしよう！

こんなひと言にもモヤモヤ……

もっと女っぽいカッコしたら?

もっと隙があったほうがいいよ!

結婚とかしないの?

こう考えよう!

ほっといてくださーい。
したいときは自分でします!

ある日同僚から「ちゃんとメイクすればかわいいのに……」と言われたとします。

すると一瞬で、さまざまな思いが頭の中を駆け巡りませんか？

まず大前提は「ほっといて」ですよね。

あなたに言われる筋合いはない。顔とか見た目とかそういうデリケートなことをがさつに言ってくるなんて、どういう神経してるの？ 今の時代、アウトだから。あと、その「君のためを思って」感、気持ち悪い！

次に「え……」と落ち込む気持ちも多少あるでしょう。いまのままじゃダメってこと？ 普通に凹むんですけど。なんでそんなこと言うの？

さらには「だって……」と言い訳めいたものも浮かんできます。

今日はたまたましてないけど普段はしてるし。っていうか、今朝は忙しかっただけだし。

で、一周して結局、「そんなこと言われる筋合い、やっぱりない！」に戻ります。

大人の女性ともなれば、メイクやファッションはアイデンティティそのもの。流行り、生活環境、年齢、髪のクセや体型、生き方や価値観、そういったものをすべて考えて、自分なりの結論としてようやくいまのメイクに落ち着いているわけです！ それをよくもまあ、適当にダメ出ししてくれちゃって！

……と、これだけの言いたいことがバーッと頭の中を回ります。

この言葉の真意は「メイクしてほしいなあ」「僕のためにきれいに装ってほしいなあ」という押しつけがましい勝手な要望。そんなものまじめにとりあってられないので、「そうですねー、あはは」と笑ってごまかすことになりがちです。

ですが、これからはシンプルに「ええ、しないですねー」とだけ言いませんか？言いたいことは山ほどある。でも、少なくともあなたのためにはしないし、したいときはする。だからほっといて。そういういろいろを込めて「しないですねー」「しないんですー」とだけ答えましょう。

「なんでしないの？」「してみたら？」と食い下がられても、ニッコリと首を振って「NO」のメッセージだけを伝える。

言い訳したり卑下《ひげ》したりしなくてOK。シンプルな「NO」が一番効果的です。

押しつけがましい要望にはシンプルな「NO」を。

無神経なひと言

25

そんなことも知らないの？

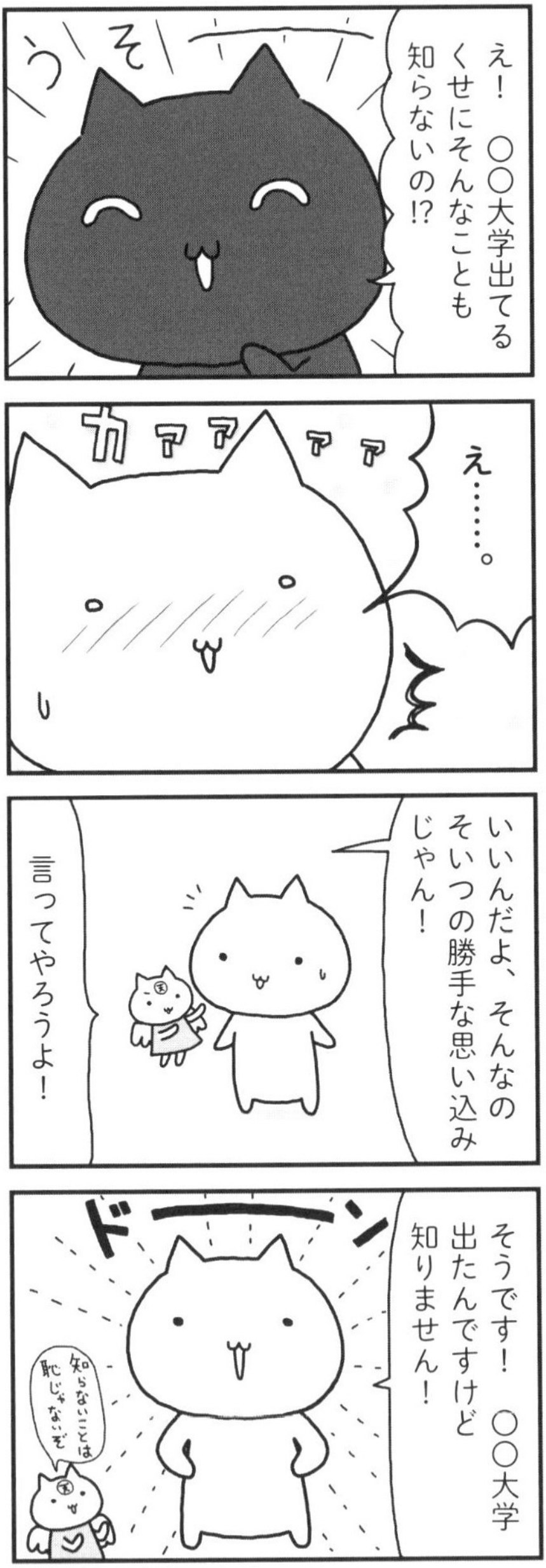
うそ
え！　〇〇大学出てるくせにそんなことも知らないの!?
カァァァァァ
え……。
いいんだよ、そんなのそいつの勝手な思い込みじゃん！
言ってやろうよ！
ドーーーン
そうです！　〇〇大学出たんですけど知りません！
知らないことは恥じゃないぞ

こんなひと言にもモヤモヤ……

これ知らないでよくやっていけてるね

この世代なら絶対知ってるはずだよ

○○のくせに知らないんだ～

↓

こう考えよう！

あ、はい、知らないんですよー。
教えてもらえます？

「え、マーケの仕事しているのに、こんなことも知らないの?」
「いい大学出てるくせに、そんなこともわからないの?」

こう言われると、答えに困ってしまいますよね。なんて言ったらいいかわからなくて、「はあ、すみません」と頭をかいて謝ってしまうことに。

いっそのこと「知らないなんて恥ずかしいよ」と正々堂々バッシングしてくればいいのに、まるでビックリしたかのようなお芝居で「えー? 知らないの?」と言ってくる。「ちょっとそういう言い方ないじゃないですか」と反撃すると、「いや、純粋に驚いただけだから」と逃げられる。すごくずるいです。

「○○のクセに」がついていると、さらにやっかい。そうやって、あなたの学歴や経歴を否定してくるわけですが、これは「育ちが悪い」のページで見たように人種差別に近い決めつけ。「いや、そこは勉強しなかったんで」とか「私はそこの代表じゃないんで」と必死に言い訳しても、むしろ相手が喜ぶだけ。この場合、相手はその学歴や経歴に劣等感を抱いているケースがほとんどです。

こういうやっかいな相手には**「オウム返し」が効果的です。相手の言葉を深読みせずそのまま真に受けて、すっかりそのまま返す**のです。

「こんなことも知らないの？」→「はい、知らないんです（あっさり）」そうすれば、相手としては嫌味が不発に終わって「ぐむむ」となります。

「いい大学出てるクセに」といわれたら「はい、いい大学出たんですけど」とそのまま返すと、高度な「嫌味返し」になりますが、これはまあ難易度が高いですね（笑）。

知らないことは恥ではありません。これから知ればいいだけです。知らないからといって、あなたの経歴や学歴が否定されるわけではありません。そのことを自分に言い聞かせるためにも、ニッコリとほがらかに潔く「はい、知りません。教えてください」と言っていきましょう！

決めつけてくる嫌味にはオウム返しが効果的。

無神経なひと言

26 そんなことより

子どもの進学先のことなんだけど……
教育
家
そんなことよりローンの借り換えの件だけど……
今、黒ネコさんにとって教育＜家でしたが
1位
家
2位
教育
教育もとても大切なことですよね
つまり黒ネコさんのしていることは
家
教育
そうしなさい!
現在の自分の価値観の押しつけです
あなたにとって大切な順番を否定しなくていいからね
いいんだよ合わせなくて
家
教育

こんなひと言にもモヤモヤ……

そんなこと考えてる暇があったら……

くだらないことにこだわってないで……

優先順位ってものがあるだろう?

こう考えよう!

私にとっては「そんなこと」じゃない。
「どっちも大事」ってことでどう?

異動してきた人たちが早く職場に馴染めるように親睦会を提案したら、上司から「そんなことより、契約の件どうなった？」とピシャリ。

子どもの進学先を検討したい、と相談すると、夫から「そんなことより、家のローンの借り換えの件だけどさ」とスルー。

……どちらも地味に傷つきます。

「温かい雰囲気の職場にしたい」という想い、「子どもの将来を考えたい」という親心が、「そんなこと」で片づけられてしまう。こんな悲しいことはありません。

「～でいいよ」のページで見たように、人は、自分が大切にしていることを軽く扱われると傷つくものです。もしそのショックから、「私の考えってくだらないのかな……」と落ち込みかけたら、ちょっと立ち止まってください。

あなたにとっては、それが大事だったはず。あなたにはあなたの思いと価値観がある。ぜひそれを尊重してあげてください。

そして、それは相手も同様です。**上司にとっては契約の件が大事。夫にとってはローンの件が大事。ただそれだけのことです。いわゆる「価値観の違い」です**（「そんなこと」って言ってしまう分だけ、相手のほうが無神経で配慮に欠けますが）。

ここで「そんなことってどういうことですか？」「どうでもいいってこと？」と言い争うのはおすすめできません。「ものごとには優先順位ってものがあるだろ」とかなんとか不毛な議論に巻き込まれてしまいます。かといって相手の言いなりになると、モヤモヤしたまま。

そこで**おすすめなのは「どちらも大事ですね」と、大人なひと言で受け止めること**。「確かにまずは契約ですね。でもって次に親睦会ですね」「ローンも進学も大事だね」でもいいでしょう。

そうすれば、両者の価値観を尊重できたことになります。もちろん、言うのが難しければ心の中で唱えるのもいいでしょう。

価値観に優劣はありません。こちらの意見も相手の意見も、まさにどちらも大事なのです。相手のいいなりになるのではなく、かといって、自分の意見をムリして通すのでもなく、ちょっとした言い方の工夫で平和を保てたらお得じゃないですか？

相手の価値観も自分の価値観も、どっちも大切にする。

第7章

言葉の暴力に気づかない

無神経なひと言 27
いいからやって

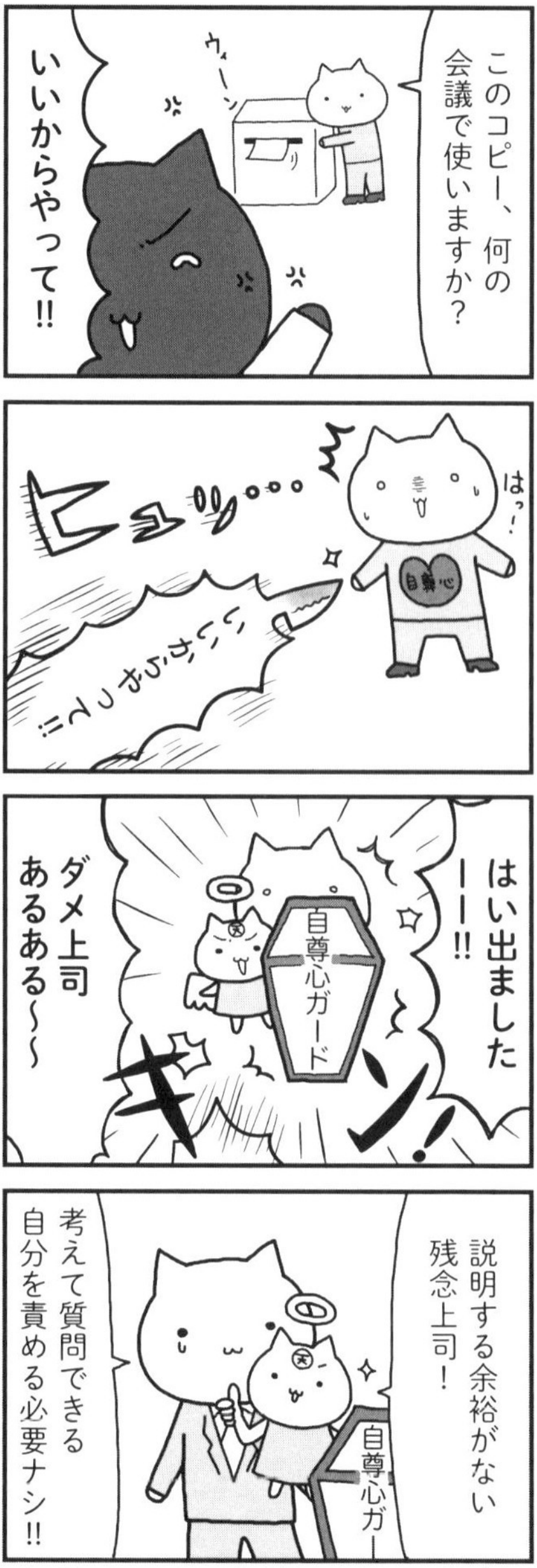

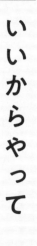

こんなひと言にもモヤモヤ……

余計なこと考えなくていいから!

忙しいんだからゴチャゴチャ言うな!

さっさと手動かして!

こう考えよう!

余裕がなくてかわいそう……。
何かいやなことでもあったのかな?

コピーを10部頼まれたとき「なんの会議に使うんですか？（それによって取り方が変わってくるので）」と確認したら、「いいからやって！」と冷たいひと言……。

「このシステム、入力方法を変えたほうが効率的では？」と提案したら、「余計なことは考えなくていいよ」とかえって叱られた……。

「よりよくしたい」「役に立ちたい」という思いが無下《むげ》にされただけでなく、「ただの手足」のように扱われたわけですから、自尊心が傷つきます。

そうか、考えなくていいのか。私がやってる仕事はそれほど価値があるわけじゃないんだな……。自己肯定感はダダ下がり。存在を認めてもらえないことほど、辛いことはありません。

ですがどうか落ち込まないでください！　むしろここは、繊細な人の武器である想像力とセンスで、相手が置かれている状況を想像しましょう。そうすることで自分を守るのです。

まずあり得るのが「相手がテンパってて余裕がない」状況。

案件が重なって忙しい、上司から詰められているなどなど、よほどヤバイ精神状況なのだろうな、と想像します。**「かわいそうに、そんな言い方しかできないなんて**

……」と、相手を憐《あわ》れむ気持ちが出てきたらしめたものです。

次に想像してほしいのが「シンプルに仕事ができない人」である可能性。

仕事ができる人は、コミュニケーションをサボりません。仕事を頼む相手には、目的や留意点まで細かく指示しますし、できあがったらお礼を欠かさない。部下の意見には耳を傾けますし、「話を聞くよ」というオーラをバンバン発するものです。

そうでない人は、いかに数字を上げていようが、上司から気に入られていようが、残念な人です。「そんなしょぼい人のために傷つくのはもったいないな」と思えたら、これまたしめたものです。

繊細な人独特の「深読み」能力は、ポジティブなほうに使いたいもの。まずは「相手をかわいそうに思う」方向へシフトすれば、反省して落ち込むことは減ります。これは、電車の中で変な人に絡《から》まれたときなどにも使える発想法です。ぜひ覚えておいてください！

雑な頼み方をしてくる人は「かわいそうな人」認定。

無神経なひと言

28

あいつは無能だから

あいつは優秀だよ
あいつはダメだね
わかる無能だな
なんでかわかんないけどああいう会話、苦手なんだよな……
そうだよね。何様のつもりで評価してるんだろうね
やれやれ
好き勝手言って悦に入ってるんじゃろ。勝手に神目線になりおって!
プンプン
ねー
神様!?

こんなひと言にもモヤモヤ……

彼はなかなか優秀だよ

あいつは全然ダメ

彼女は頭が悪いから

こう考えよう!

「上から目線依存症」の人だ!
怖いから逃げようっと。

「あいつってけっこう優秀だよね」
「確かに。それにひきかえあいつはダメだな、ホント無能」

職場の片隅や飲み会でこんな会話が聞こえてきたら、どう感じますか？　私なら、なんだかゾワゾワします。**たとえほめているのだとしても、どこか血の通っていない冷たい響きに怖くなる**からです。

自分の話じゃなくても、知ってる人の名前が出てくると「一方的に決めつけられてかわいそう」と悲しくなったり、「私も知らないところで言われてるのかな」と不安になったりしませんか？

優秀・無能、できる・できない。これらは人を「評価する」言葉です。評価とは、自分のことを棚に上げて他人のことを好き勝手に言うこと。「神目線」で一方的に分析すること。ですから**ある種の人は「評価」が大好きです。仲間内で好き勝手に言い合っては悦に入る。気持ちよくなってしまって歯止めが効かない状態ですね。**

もちろん上司や人事部が社員を評価するのは悪いことではありません。それは彼らのお仕事ですから。でもそういう人たちは人に聞こえるようにウワサ話をしたりは絶対にしません。人目もはばからず同僚をジャッジする人たちは、モラルも常識も欠けているというわけ。

同じウワサ話でも、これが個人的な感想ならまだいいのです。
「彼はいつもいいタイミングでサポートしてくれるから、助かる」
「あいつ、ま～た報告しないで抱え込んでるんだよ。困るんだよな」
そこには血が通っているし「あくまで主観」とお互いがわかっているから。いわゆる「Iメッセージ」ですね。

そうではなく、この人たちはまるで「周知の事実」かのように言い切るのも特徴。なぜなら、そのほうが「オレはそうは思わないけどな」と反論されにくいから。安全だから。ネットでもよく見かける、ずるいコミュニケーションです。

毎日こんな話を聞いていたら、あなたの心には確実にダメージがたまっていきます。心が冷たくなったら、**すかさずその場を離れましょう。ちょっと休憩でもして、ダメージを回避してから席に戻ります。**

間違ってもそんなうわさ話に乗ってはいけませんよ。ドラッグと同じで、そこは闇の世界への入り口ですからね。

「上から目線依存症」の人には近づかない。

無神経なひと言
29
○○なんだから

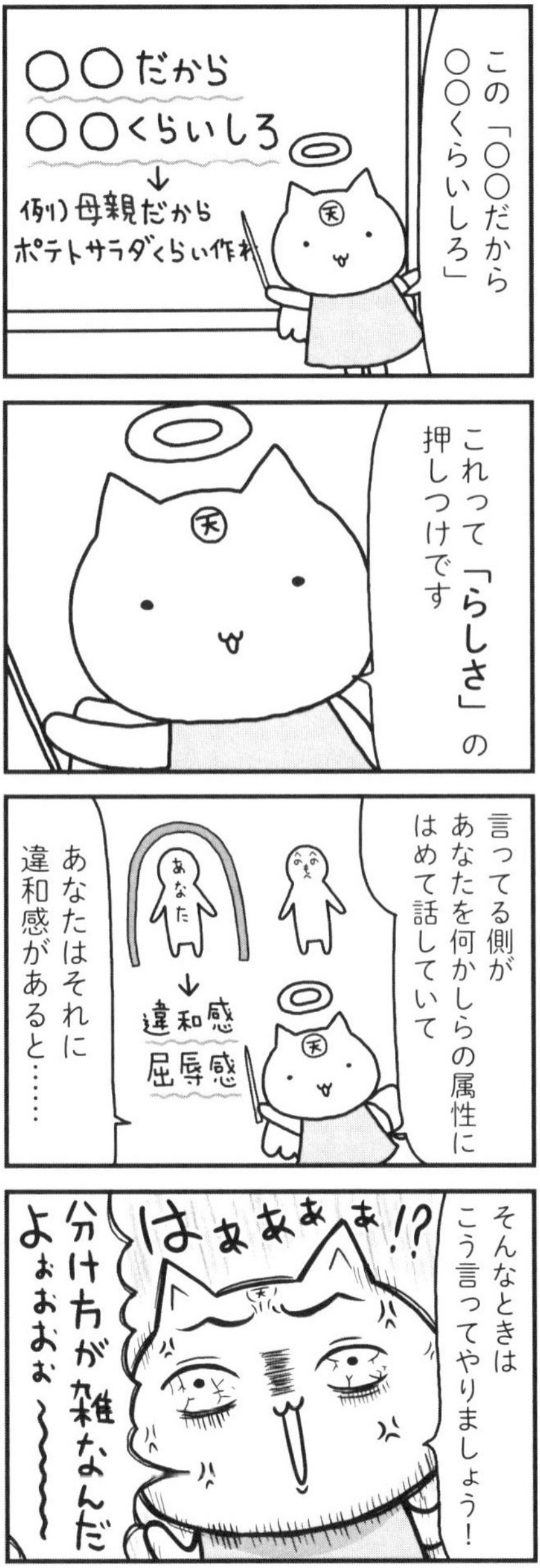

この「○○だから○○くらいしろ」
○○だから
○○くらいしろ
例）母親だから
ポテトサラダくらい作れ
これって「らしさ」の押しつけです
言ってる側があなたを何かしらの属性にはめて話していて
あなた
違和感
屈辱感
あなたはそれに違和感があると……
そんなときはこう言ってやりましょう！
はぁあああ！？
分け方が雑なんだよぉおおお〜〜〜

こんなひと言にもモヤモヤ……

働いてないんだから家事ぐらいしろよ

女性なんだから机の上キレイにしたら?

新入社員なんだからお酌しないと

こう考えよう!

「それ」と「これ」って関係ないですよね?
「私流」で行かせてもらいますー!

少し前に世を騒がせた「ポテサラ論争」。覚えているでしょうか？
ある女性が子どもと一緒にお惣菜《そうざい》のポテトサラダを選んでいたら、見知らぬ人から「母親ならポテトサラダくらい作ったらどうだ」と言われた、という話でした。

SNS上では「『ぐらい』って何？　つくるのけっこう大変なんだから」などさまざまな批判が集まったわけですが、**この発言の一番寒いところは「母親＝料理をするもの」という「らしさの決めつけ」でした。**

あなたもきっとこれまでの人生で「らしさ」を押しつけられてきた経験があるでしょう。「女の子なんだから部屋くらい片づけなさい」「新人なんだからお茶くみぐらいしろ」……。そのたびに、「確かにそうかも」と従ってしまう自分と、「イヤだ」と反発する自分が、頭の中でせめぎあったのではないでしょうか？

「らしさ」というのはなかなか厄介です。男らしさ、女らしさ、子どもらしさ、大人らしさ……。その属性ごとの特徴・傾向はあるかもしれませんが、もちろん絶対ではありません。当たり前ですが人によります。

そう、この「人それぞれ」を許さない雑な圧力こそが「らしさ」の正体なんです。人はそれを「偏見」と呼んだりもしますし、「同調圧力」の変形バージョンとも言え

ます。

私の知人が南米の友人と食事したとき、彼がお酒を飲めないのに驚き、つい「えっ、ラテン系なのに？」と言ったそうです。すると彼は笑って「じゃあ、『アフリカ系なら全員リズム感いい』って、本気で思ってるの？」とたしなめてきたのだとか。

同様に「女の子＝整頓」「新人＝お茶くみ」というのも、よく考えるとまったく関係がありません。雑なカテゴリーに押し込めることは、ただでさえ相手の個性を無視する行い。ましてや「こうしろ、ああしろ」と行動を押しつけるのは最悪です。


もし「らしさ」を押しつけられたら、すぐに「〇〇がみんな〇〇するわけじゃないよ」と、心の中で正論を唱えてきちんと抵抗しましょう。仮に片づけをするにしてもあなた自身がしたいと思ったからであって、決して「女の子だから」ではない……。

毎回「それとこれは関係ないからね」ときちんと頭の中で確認しないと、本当の「あなたらしさ」がどんどん損なわれてしまいます。

「らしさ」はどれも信用ならない。自分の気持ちを優先！

無神経なひと言 30

ちっ（舌打ち）

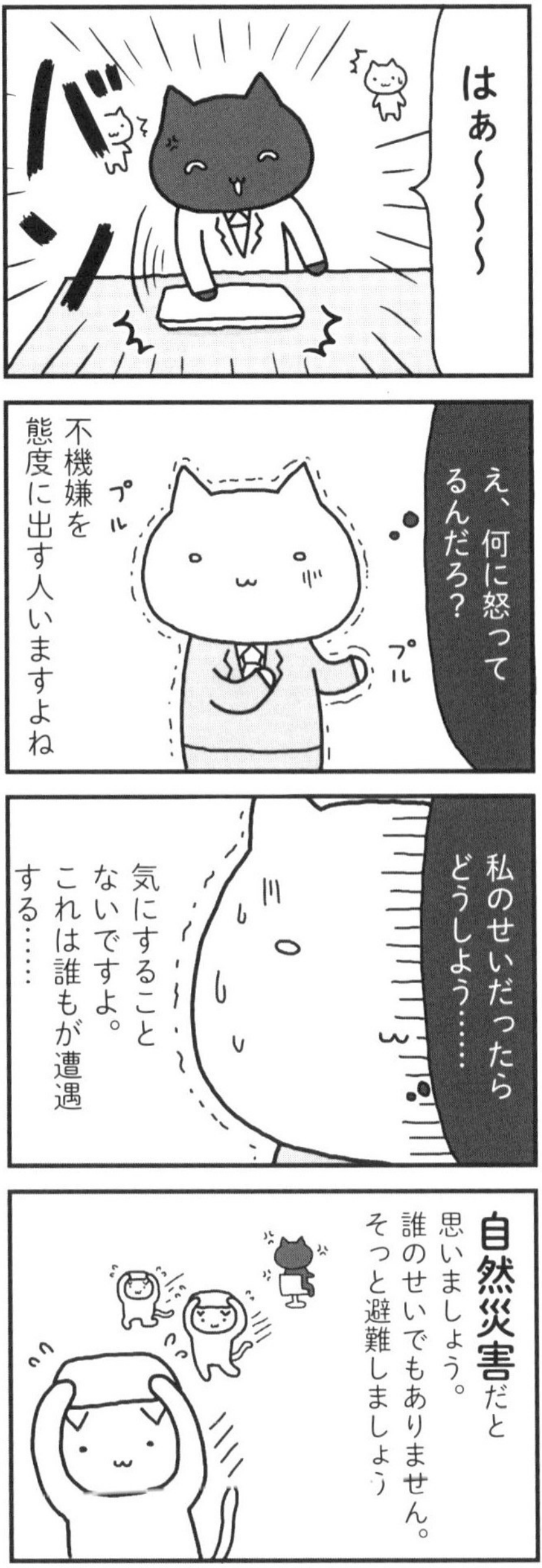
はぁ〜〜〜
バン
え、何に怒ってるんだろ？
プル
プル
不機嫌を態度に出す人いますよね
私のせいだったらどうしよう……
気にすることないですよ。これは誰もが遭遇する……
自然災害だと思いましょう。誰のせいでもありません。そっと避難しましょう

こんなひと言にもモヤモヤ……

はあ～!(ため息)

ピシャッ(書類をたたきつける)

バンッ(机を叩く)

こう考えよう!

あ、自然災害だ!
逃げろー!

上司に確認を取ろうと思って近づいたら「チッ！」と舌打ち。え……。

会議から戻ってきた同僚が資料を机に「ピシャッ！」と投げつける。わ……。

舌打ち、机を蹴る、モノにあたる……。ムシャクシャした気持ちを、音や態度で表す人っていますよね。時として言葉よりも怖いです。

何が理由で怒ってるのかわからないし、誰に怒ってるのかわからない。一瞬にして周囲に音が響き渡るので、そのおかげでみんな暗く冷めた気持ちになります。繊細な人であれば「え？　私何かした？」と恐怖におびえることもあるでしょう。

これではまるで「恐怖をまき散らすテロ」です。少し前にフキハラ（不機嫌ハラスメント）という言葉が流行りましたが、実際、不機嫌をまき散らされたほうとしてはたまったものではありません。

そもそもこういう人は自分の気持ちをコントロールできない人。

さらには、**不機嫌をアピールすることで「どうしたんですか？」とかまってほしかったり、「怖い……」とビビってほしかったりもします。**

ですから「ちょっとやめてくださいよ」「みんな怖がってます」などとクレームを言うのはよしましょうね。相手の思うつぼなので（そもそも、怖くてできないと思いますが）。

まずこういう人を見たときに思ってほしいのは「あ、災害だー」ということ。

嵐、地震、台風……。どれも、無条件に怖いし身体がすくんでしまうものです。ですが、それは同時に、どう間違っても「あなたのせい」じゃないことです。まずはそうやって自分の心を守ります。だって、嵐が来て「なんでこんなことに」「私のせいだ」って落ち込まないですよね。

そうやって災害認定したら、すぐに避難。席を外して、目から耳からその人のことをしばしシャットアウトしましょう。それだけでずいぶん違います。間違っても〝こわい物見たさ〟で近づいたりしちゃダメですよ。危ないですからね。

不機嫌をまき散らす人は「災害認定」してすばやく避難。

無神経なひと言

31 使えない

あいつ使えるんだよ
あいつ使えないな〜
こういう言い方をする人っていますよね
そもそもこの「使える・使えない」って道具に対する言葉ですよね
あなたは「人」です。「使える人」になろうと自分を追いつめないでくださいね
あなたのすばらしさはそういうのじゃないところにありますから
おはようございます!
おはようございます いい天気ですねー

こんなひと言にもモヤモヤ……

勝ち組・負け組

生産性

役立たず

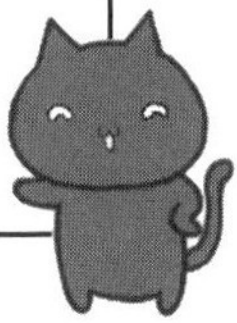

↓

こう考えよう！

「使え」なくてもいい。
人間だもの。

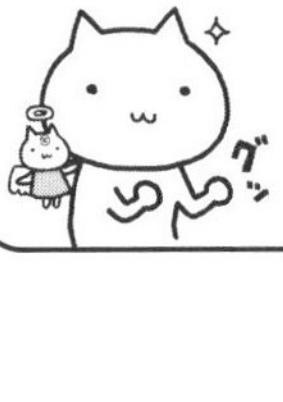

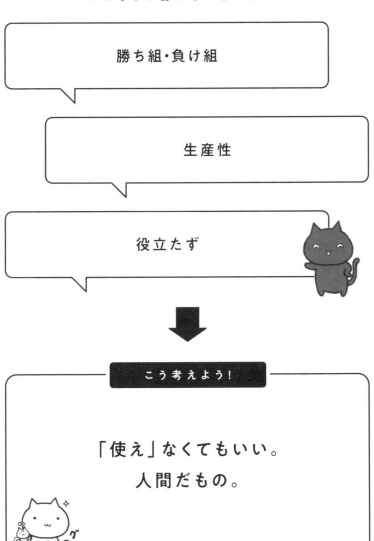

「あいつ、ほんと使えないいんだよな」

「わかる。それにひきかえ、あいつはまあまあ使える」

……聞くだけで気持ちがザラッとするいやな言葉ですよね。自分が言われたら傷つくし、誰かがそう言われているのを聞くのだって不快です。

なぜモヤモヤするのかというと、「人を道具扱いしている」から。ひとりの人間をつかまえて、「機能的かどうか」「自分にとって使い道があるかどうか」だけで判断し、それを声高に主張する。自分はあくまで「使う」側だと周囲にアピールする。

「生産性のある人・ない人」という政治家の発言がしばしば問題になりますが、これなども人に対して「生み出す機能を持っている・いない」線引きをする考え方。

人を道具と見なしている点、自分は管理する立場であることをアピールしている点、どれをとっても「使える・使えない」と同じ、寒い考え方です。

会社員をやっていると、こうした「利益を生み出す人・生み出さない人」という尺度を当てはめられることは多々あります。会社に貢献できなければ存在価値がないかのような錯覚に陥ることもあるでしょう。繊細な人であれば「ちゃんと役に立たないと！」「使える人材になろう！」と自分を追い詰めることもあるかもしれません（この「人材」という言葉もまた、道具っぽくて気になりますが）。

ですが、それは世の中にあるたくさんの考え方のひとつに過ぎません。

そうですねー、**右側通行か左側通行か、ぐらいのことです。右側を歩く人が多い中でたまたま左側を歩いたからといって、人として否定されるいわれ、ないですよね？**

「使える人」になる必要なんてありません。「使う側」になる必要もありません。使うとか・使わないとか、そういうのじゃないところにこそ、あなたという人間のすばらしさはあるのです。

「使える・使えない」の話が耳に入ったら、「わー、よくわからない話だなあ」「宇宙人の会話かな？」ぐらいに聞き流しましょう。

道具じゃなくて人間。「使える」「使えない」で考えない。

無神経なひと言

32 劣化したよね

ねーねー○○さん 最近劣化したよね
コンッ
勝手に人のルックスを あれこれ言う人は……
じとーー
逆に「見られる」感覚を 味わわせてあげましょう
じーー…
えっ なに!?
なんでもないです

こんなひと言にもモヤモヤ……

女の賞味期限

オバサン

女として終わってる

こう考えよう！

いろいろな意味でアウト。
どういう神経で言ってるの？

女性が年齢を重ねて見た目が変わることを、「劣化」と表現する人たちがいます。タレントの昔の写真と今の写真を比べて言ったり、職場で「●●さん、だいぶ劣化したな」なんて言ったり。

どうでしょう、この「劣化」。かなり暴力的な言葉じゃないでしょうか？　女性のルックスのことを「劣化」とあげつらうのは、

1　人の見た目のことをあれこれ言うデリカシーのなさ
2　上から目線でジャッジしている傲慢さ・幼稚さ
3　「モノ」が「古びた」ような言い方をする非情さ・視野の狭さ

と、三重の意味でアウトです。フォローの余地はありません。

そもそも、**女性は生きているだけで常に男性からの視線にさらされています。男性は女性を、ひとりの人格としてではなく「性的なモノ」として見る傾向が強い。**だから平気で街中の女性をジロジロ見るし「劣化した」だの「オバサンになった」だのと遠慮なく評価するわけです。

パートナーがテレビの中の女優のことを、上司が職場の同僚のことを、「劣化し

た」とディスるのを聞くと「私たちは見られている」という事実を思い出す。だから**横で聞いてるあなたも居心地が悪くなるのです。そして「私もいつかそんなこと言われるのかな？」と不安になってしまう**わけです。

ですがここで「男性だって劣化するじゃないですか」「そういう自分は何様なんですか？」などとかみついても、空振りに終わるでしょう。相手のレベルに合わせてあげる必要はありません。そういうセリフは心の中でつぶやくにとどめましょう。

それよりもおすすめなのは、**そんなことを言った人の顔をじっと見る、という作戦。そうすると、普段「見られ慣れ」ていない相手はきっと動揺して「え、何？何？」とうろたえるでしょう。**そしたら「なんでもないです」とかわせばＯＫ。その話題は尻すぼみに終わるはず。

まあ、絶対伝わらないとは思いますが『一方的に見られる』という感覚を少しは味わえ！」というメッセージを発することもできて、内心スッとするはずです。

「見た目」をどうこう言う人はフォローの余地なし。

第8章

悪気はないけど無神経

無神経なひと言

33

いや

……というわけで
A案がいいと思います
いや
え、反対!?
たしかにA案のほうが
優れていますね。賛成です
えっ…!?「いや」って
言ったのに賛成!?
は?
イラッ
え?
なぜ
WHY?
じゃあなぜ「いや」って??
にゃーぜー?

こんなひと言にもモヤモヤ……

逆に

でもさぁ

しかしあれだね

こう考えよう！

クセ出ちゃってますよー。
「えーと」ってことですね？

会議中に「A案がいいと思います」と意見を言ったら、先輩が「いや、でもさ……」と割って入ってきた。「え、反対？」と身構えたら、「○○で○○なところがA案のいいところだよな」と続ける先輩。「なんだよ、もー」と力が抜けます。

「いや」「でも」「逆に」と、否定・逆接の言葉で話し始める人、ほんと多くないですか？　聞いてるほうとしては一瞬ビクッとしてしまうし、「否定されるのかな」とビビってしまう。

では、なぜこの人たちは、逆の内容じゃないのに、わざわざ否定語で話し始めるのでしょうか？　理由は「そのほうが目立てるから」です。

特に会議のような場面では、相手の意見をさえぎってでも「意見を言っている自分」をアピールすることが仕事だ、と勘違いしている人はたくさんいます。

そういう人たちにとって、**ＹＥＳで始めるよりＮＯで始めるほうが、聞く人の注意を引きつけやすいのです。「ん？」「反対意見か？」と、つい注目してしまう**というわけ。さらには反論っぽく話したほうが、まるで「自分の意見がある人」のように見せることができます。冗談みたいですが、当人たちはいたって本気です。

最初はポーズ・演技から始まった「いや」「逆に」も、次第に言っているうちに抜けないクセになってしまった。だからもう、何が何でも、どんな話でも「逆に」「逆に逆に」「逆に逆に逆に」と話し始めてしまう。「議論が好きな人たち」の悲しい習性です。

そこまでわかってしまえば、**「いや」と話に割り込まれても、「反論じゃない」と安心できますよね。所詮《しょせん》はクセ。「えーと」と同じなんです。気にしなくてOK。**

そして！　このクセだけは、自分でもやってしまわないか気をつけてください。実際便利なだけに、ついついあなたもやってしまう可能性があります。

間違えて「逆に」と話し始めそうになったら、その度に「……あ、『逆に』じゃないです、すみません、『ちなみに』です」と言い直していきましょう。「繊細な言葉づかい」の人として、一目置かれること間違いなしです。

「いや」は「えーと」と同じ。自分でもやらないように注意。

無神経なひと言

34 人としてどうなの？

お皿洗うのめんどくさくて、たまにフライパンから食べちゃうんだよねー
へへっ
やば…
うわ……それ人としてどうなの？
人としてどうなの？
くはっ
一気に人間失格をつきつけるこの言葉……とても傷つきますよね
「人として」って大きなカテゴリーを使って
「こうあるべき」を押しつけてくる人いるよね～
気にすんな！言ってやれ！
ぺたっ
そうだ！
私はやっちゃうんです！

こんなひと言にもモヤモヤ……

ないわー

引くわー

終わってる

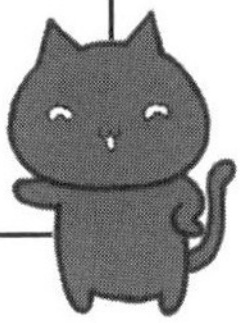

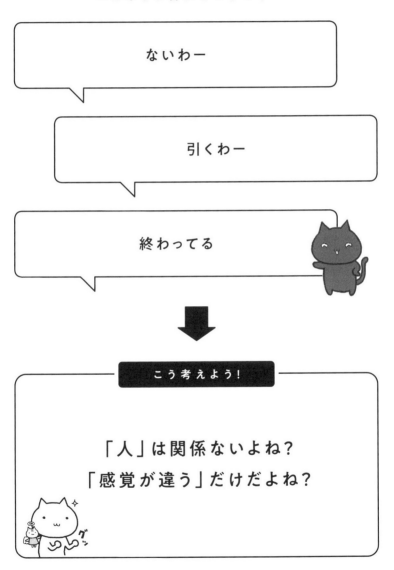

こう考えよう！

「人」は関係ないよね？
「感覚が違う」だけだよね？

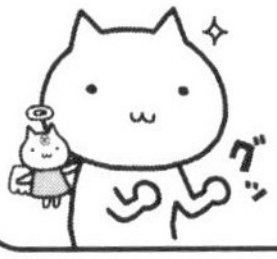

「お皿洗うのが面倒で、時々フライパンから直接食べちゃう」と話したら「うわ、それ、人としてどうよ?」とつっこまれた……。

「自販機の釣銭に100円玉残ってたから、そのまま使ったけどね」と話したら「うわ、モラル的にどうなの?」と顔をしかめられた……。

ちょっとしたことについて「人としてどうなの?」「品性を疑う」とリアクションされると、ハッとしますよね。慌てて「ごめんなさい!」と謝りたくなるし、「やばい、変なこと言った」と発言を取り消したくなります。

でもまあこれは、相手としても「ちょっとやめなよー」ぐらいのことをつい大げさにツッコんでしまったケースがほとんどでしょう。

いっぽうで、この言葉がどこかモヤモヤするのも確か。というわけで、せっかくなのでじっくりと検証してみますね。

「人として」という言葉の裏には「道徳(モラル)」が控えています。

「恥ずかしくない生き方」という、形はないけれど、とても大切なもの。相手はそこを攻めてくるので、こっちとしては無条件に反省してしまうわけです。

ですが、「人として」と話す話し方の延長上には「女子のくせに」とか「日本人なのに」とか、そういう決めつけワードがあります。「●●なんだから●●くらいしろ」のページで見たような「偏見」につながりかねないニュアンスをどこかで感じるからこそ、ヒヤッとするし、笑ってスルーできないわけです。

というわけで、「人として」をあまり乱発するようなら、その相手とはつき合い方を考えたいものです。

具体的には、決めつけに負けず「そっかー、私はやっちゃうなー」と「Iメッセージ」で押し通すのも一つの手です。

あるいは、「だよねー」と受け流して、その話題から一目散に撤退するのも現実的。「この人には今後こういう話はNGだ」と、つき合い方を学べたと思えば、快く撤退できますよね。もちろん、そのときも「感覚が違うだけー。どっちがいい・悪いじゃないー」と心の中で唱えながら！

「感覚の押しつけ」には Iメッセージで対抗。

無神経なひと言

35

わかるわかる

母親と仲良くなくて
話してると
心臓痛いんだよね
あ～
わかるわかる！
小さい頃、家が全焼
したことあって、
火を見るとフラッシュ
バックするんだ
あるよね～
白ネコって雨の日に
すぐ汚れちゃうん
だよね
わかるわ～
わかるはずないことを
わかるって言われて
虚無感におそわれて
辛い……
わかる～

こんなひと言にもモヤモヤ……

私も～

だよね～

そっかそっか～

こう考えよう！

「もっと聞かせて」って意味だよね？
聞いてくれるだけ、ありがたいー。

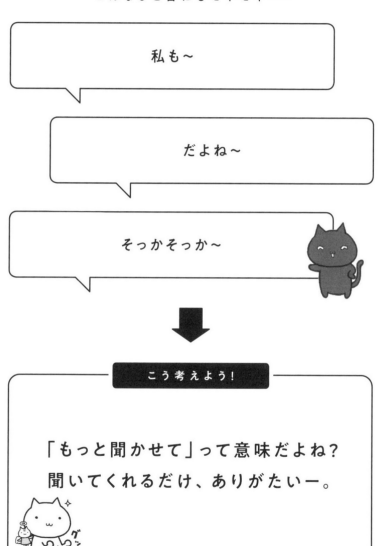

「母親と話すとき、心臓がバクバクするんだよね」「わかるわかる〜」
「将来のことを考えると毎晩眠れなくて」「わかるわかる〜」
「思い出さないようにしてるのに、突然フラッシュバックするの」「わかるわかる〜」
家族とうまくいかない、失業して生活が苦しい、トラウマから立ち直れない。打ち明けた深刻な悩みに対して、相手は「わかるわかる」の連打……。

なぜでしょう？　なんかモヤモヤしますよね。

共感を示してくれてはいるけれど、その言葉がどこか軽い。自分の悩みが雑に扱われたような気持ちになります。下手すると、「ねえ、ほんとにわかってるの？」と問い詰めたくなってしまいます。

相手はなぜそういうリアクションをするのでしょうか？　理由は簡単、「クセ」です。単に「わかる」が口癖になっているだけなのです。

そもそも、人の話を聞くときの基本は「否定しない、質問しない、アドバイスしない」の「3ない」です。「そんなの気のせいでしょ」「いまいくらぐらい貯金あるの？」「早めにお医者さんいったほうがいいよ」などと返されると、とたんに話す気が失《う》せますよね。

代わりにすべきなのが「共感」「肯定」「リアクション」です。「辛いよね」「そうなんだね」と、きちんとうなずきながら聞く。

で、日ごろからそうやって**人の話を共感しながら聞いている人ほど、ついいつものクセで「わかる」「わかるわかる」と言ってしまう**わけです。言葉自体にはもはや意味はなく「それでそれで?」「ちゃんと聞いてますよ」ぐらいのメッセージ。

ですからここは「軽んじられてる」と悲しむのではなく、「否定されるよりマシ」「少なくとも興味は持ってくれてる」と思って、話を続けてみましょう。

もしあまりにも気になるようだったら、問い詰める口調ではなく「ほんと? わかってもらえる?」と尋《たず》ねてみましょう。そうすれば相手も正直に「ごめん、私はそういう経験ないから、ほんとのところはわからないけど。でも聞きたい、話して話して」と言ってくれるかもしれません。

軽すぎるあいづちは「クセ」なので大目に見る。

無神経なひと言

36

ほかの人も呼んでいい？

ねぇねぇ、友達も呼んでいい？
なんで？ 私とじゃつまらなかったの？
しかもその子が来たら二人だけで盛り上がるんじゃ!?
いやなんだけど
ギリ…
つまらなくなったらすぐ帰っていいからちょっと様子みよう？
なっ
こくん

こんなひと言にもモヤモヤ……

○○さんって知ってたっけ?

大勢のほうが楽しくない?

その飲み会、ほかに誰が来るの?

こう考えよう!

ちょっとさみしいけど、いいよ。
私も疲れたらさくっと帰るねー。

久しぶりに会う友人と、二人で楽しく飲んでいたら「ねえ、これから友達呼んでもいい？」と言われたとします。

一瞬「え？」と拍子抜けしたあと、じんわりと悲しくなりませんか？「あれ？私とじゃつまらない？間がもたない感じ？」「今日は二人でみっちりしゃべりたかったのに」と、しんみり傷つきます。しかもこの提案、断りづらいのも困りポイント。「えー、知らない人とかちょっと……」と断れたら、どれだけ楽なことか！

もう一人来たら来たで、緊張しながら愛想を振りまかなくちゃいけない。ストレスも溜まります。

ではなぜ相手は突然「もう一人呼ぼう」と言い出したのでしょうか？あなたのことを軽んじているから？それともデリカシーのない人だから？

違います。単に「そういう人だから」です。これといった理由はありません。彼女の中では「思いついたら友達を呼ぶ」「たくさんで話したほうが楽しい」はごくごく当たり前のことなのです。

「人にはそれぞれ価値観があって、相手に押しつけるのはよくない、尊重し合うべき」というお話をこれまで繰り返ししてきましたが、「人との接し方」「好きな飲み方」も、本当に人それぞれ。

あなたは二人で飲みたいと思ったかも知れませんが、相手はたくさんで飲みたいと思った（少なくともその日は）。ただそれだけのことです。あなたのことをどうこう、という意図はありません。

彼女は単にそういう人。ということがわかれば、対処法も見えてきます。表だって断るのは角が立つでしょうから、とりあえずは提案を受け入れましょう。そして**新しく来た人が楽しい人だったら一緒にいればいいし、しんどかったら「私、先に帰るね」と席を立ちましょう。**

「先に帰ったら感じ悪いかな」「『怒った』と思わせちゃうかな？」などと繊細な心配を巡らせる必要はありませんよ。軽い飲み会を好む人は、人の出入りにも大らかなのですから。

日常のすべてに気をつかっていたら、疲れてしまいます。「友達との飲み会」ぐらいは「お互いわがままに振る舞ってもOK」という聖域にしてしまいませんか？

**相手は他の人を呼んでもいいし
あなたは帰ってもいい。**

無神経なひと言

37

真面目だね

世間一般的に「賢い女性」というと
空気が読めて気がきくことを求められ……
なので論理的な発言をすると……
これ、コンセプトと商品がズレてます
君は真面目だね～
ふっ…
……とこんな顔をされたりします
そうですけど？
何か問題が？
ガン無視しましょう

こんなひと言にもモヤモヤ……

理屈っぽいなあ

気がきかない

かわいげがない

こう考えよう!

そう、真面目なんですー。
そんな自分がかわいくて!

毎日英語の勉強をしてると言ったら「真面目か！」と笑われる。

提案理由を一生懸命説明したら「理屈っぽいなあ」と顔をしかめられる。


一生懸命やってるのに冷ややかなリアクション。「そこまでしなくても……」という空気。なんだか納得いかないと思いませんか？

とくに女性の場合、「女性らしい細やかな気遣い」だの「女の子らしいほのぼのとしたゆるさ」だのが勝手にもてはやされがちです。

がむしゃらにがんばったり、論理的に詰めていったりすると「かわいげがない」「融通がきかない」などと言われて、「は……？」と脱力することもしばしば。

時代の空気として、「ゆるいのがクール」「本気を出さないのがカッコイイ」というのは確かにあります。それを敏感に感じ取るあなたとしてみれば「こんな私、時代遅れかな」「一生懸命って流行らないのかな」と、落ち込む夜もあるでしょう。


そもそも繊細な人は、周りの人の感情をいちいち察してしまうので、みんなに気に入られようとしてしまいます。だから「真面目だなあ」と笑われると、むっとしつつも「あれ？　私、ヤバイ？」と反省してしまう。

ですが、これまで繰り返し見てきたように、人の価値観はそれぞれです。

真面目な性格を好む人もいるし、めんどうに思う人もいる。

ゆるふわが好きな人もいるし、嫌いな人もいる。

結局すべての人に気に入られることは不可能です。まずそこは諦める。であればどうすればいいでしょう？　誰の目を気にすればいいのでしょう？

答えは「自分」です。

言い古されていることですが、やはり、そこは真実です。


自分が好きな自分でいる。自分が誇れる自分でいる。

もしそれが真面目さなのであれば、おかしなイジリなんかに負けず、「そうなんです、真面目なんですよー！」と（心の中だけでも）胸を張りましょう。

最後にひとつだけ余計なことを言うと、愚直で真面目で理屈っぽくて不器用な性格、私は好きですよ。

どんな性格でも自分が認めてあげれば長所。

第9章

気をつかうようで疎外する

無神経なひと言

38

あなたはいいよね

みんな最近何にハマってる?
私最近家のまわりでバドミントンするのにハマってて!
え〜〜ずっとネトフリ見てるかも〜〜
ズズ…
白ネコちゃんはいいよ〜〜彼氏いて
わたしも〜〜ひとり身だしずっとネトフリ
じゃあ今度ネトフリ会しない?
キャハハ
いいねーひとり身ネトフリ会しようよ〜
こんなときはしばしのお別れ。また境遇が変わったら会いましょう
スチャッ
あばよ

こんなひと言にもモヤモヤ……

私たちとは違うから

こんな話退屈でしょ?

リア充

こう考えよう!

私への接し方に困ってるんだな。
またいつか仲良くしようね。

「〇〇ちゃんは彼氏がいていいよね。ほら、うちらは非モテだから」「……」
「〇〇ちゃんは稼ぎが違うから。こういう店とか慣れっこでしょ？」「……」
「〇〇ちゃんは子育てで充実してそう」「……」

なんでしょう、この居心地の悪さって。こう言われたとたんに、心がざわつき「早く何か言わなきゃ」と焦ってしまいます。

「そんなことないよ」とフォローしても「またまた～」とさらに持ち上げられる。
「まあね～」と冗談にしても、自慢と取られかねない。「あなたと私たちは違う」とハッキリ線を引かれているのですから、さみしい。孤独感が募《つの》ります。

これは、**相手のことをほめて持ち上げつつ、実際には仲間はずれにする「持ち上げ仲間はずれ」とでも言うべき話し方。**

「人見知りなんで」のページや「私なんか」のページで見たような、一筋縄ではいかないコミュニケーションです。

では、相手はなぜそんなことを言ってくるのか。それは「距離感をはかりかねている」からです。**これまでぜんぶ一緒だった仲間。それなのに互いの境遇が変わっててし**

まった。接し方がわからない。話題も合わない気がする。羨望《せんぼう》や嫉妬《しっと》の気持ちを認めるのもプライドが許さない。だからつい、嫌味を言ってしまうわけです。

さて、相手の事情がわかったからといって、モヤモヤするのは避けられませんよね。「えー、仲間に入れてよー」とヘラヘラし続けても、いつか心が折れます。

ここもまた、他のページで見たように少し距離を置くのがいいでしょう。その場は「そんなことないよー」と合わせておいて、心の中でしばしのお別れを告げます。**何も永遠のお別れをするわけではありません。いつかまた互いの境遇が変わったら仲良くすればいいのです。**ちょっとドライなようですが、それがお互いのためです。ママ友や職場など、ハッキリと距離を置くのが難しければ、「たまに会う人」としてつかず離れずの関係を築いてもいいでしょう。

「持ち上げ仲間はずれ」は相手が戸惑っている証拠。関係を続けるも距離を置くも、あなた次第です。

「仲間はずれ」は戸惑ってる証拠。そっと距離を置いてあげよう。

無神経なひと言

39

あ〜いいよ、大丈夫

手伝いますよ
あ、いい、いい、いい！
白ネコさんは座ってて！
手伝いたいのにな……
できないって思われたのかな……
しかも本当に座ったら
あの子手伝いも
しないで本当に座ったって思われないかな？
クスクス…
不安だな……
どうしようかな
プル
プル

こんなひと言にもモヤモヤ……

座ってて

ここは私たちでやるから

私がやったほうが早いから

こう考えよう!

お言葉に甘えます!
その代わりサブに回ります!

バーベキューで野菜を切ろうとしたら、年長チームから「あ〜いいよ、大丈夫。○○ちゃんは座ってて！」と言われた……。

プレゼン準備の手伝いを申し出たら、先輩から「あ〜いいよ、大丈夫。オレたちでやるから」と言われた……。

どちらも口調は優しいながらも、どこか邪険《じゃけん》に追い払われたような気がしますよね。**仲間はずれにされたさみしさもさることながら、「余計なことするな」「あなたは使えない」と戦力外通告をされたような悔しさも募ります。**

さらには「本当にやらなくていいのかな？」という居心地の悪さもありますよね。他の人が忙しく働くなかでボーッとしていていいのか。「あらら、本当に座ったわよ、あの子」なんていう引っかけ問題だったらどうしよう？　不安が膨らみます。

相手が「あ〜いいよ、大丈夫」と言う理由は二つあります。

ひとつは、あなたが感じ取ったとおり「慣れていない人に任せるより自分でやったほうが速い」と考えているから。まさに戦力外通告というわけ。これは正直、しかたがないです。

もうひとつは、**自分の領域（テリトリー）に入られたくないから。「私の仕事を取ら**

ないで」「俺の手柄は俺のものだ」というわけです。この場合は彼らの要望に応えて何もしないのが正解。「帰省したら寝そべってわがままを言うのも親孝行のうち」ということわざ（?）ではありませんが、「何もしないで頼るのも貢献のうち」というわけです。その際「すみません」「ありがとうございます」というこまめなコミュニケーションは忘れないようにします。

さて一番困るのは「ひっかけ問題」だったとき。この場合に備えて、**「何もしてなかったわけじゃないんですよ」というアピールのために、「サブ」に回って自分なりの手伝いをするのがいいでしょう。**

野菜を切る代わりに皿と箸を用意する、子どもと遊んであげる。プレゼンの手伝いの代わりに、飲み物を買い出しに行く、誤字チェックをする。そうすれば、「引っかけ問題」もクリアできるし、自分もソワソワしないしで、一石二鳥。

悲しいけれど下っ端のうちは、「自分はこれをやっておきます」という仕事を見つけるのも、能力のうちです。

手伝いを断られたら素直に頼る。

無神経な
ひと言

40

かわいいわね～

まぁ～若いわね～
かわいいわ～
仕事の場でこんな扱いを受けて発言し辛くなることないですか？
スポッ
カワイイ子
……
「かわいいキャラに徹しろ」って圧を感じてしまいますが……
ぐぬぬ
は!! そっか！
そうじゃないと安心できないんだな……
カワイイ
クックックッ
萎縮せずガンガン頑張っちゃいましょう！

こんなひと言にもモヤモヤ……

若いからな～

職場の花

きれいどころ

こう考えよう！

ライバル視されてる？
自信になったぞ、がんばろー！

「○○ちゃんは若いからなー」
「○○ちゃんは、ほんとかわいいわねー」
「○○ちゃんがいると職場が華やぐなあ」
このように上司や先輩から、若さや女性であることを、ことさらほめそやされると、落ち着かずにソワソワしませんか？　本心でほめてくれているならまだしも、実際そうではないことも多い。

「女性だから」と大事な仕事から外される。「若いから」と大きな案件から外される。それをフォローするように「かわいい」「若い」「華やぐ」などと持ち上げてくることがよくあるわけです。

まるで、「かわいい」という場所に閉じ込めておきたいかのように。

いわば「かわいいロックダウン」です。

余談ですが、韓国は彼氏が彼女をチヤホヤする恋愛文化で有名ですが、それも根っこには「かわいい君はそこで笑ってればいい。面倒で大事なことは男たちでやるから」という思想があるのだそうです。それに似たものを感じますよね。

さて話を戻すと、この「かわいいロックダウン」は、「あなたはいいよね」のページで見たのと同じように、否定するのも肯定するのも難しく、「そんなそんな……」

と苦笑いしているうちに、どんどん端っこへ追いやられる仕組みです。

鈍感で脳天気な人ならまだしも、真面目で繊細なあなたであれば、いち早く相手の裏メッセージに気づいて「仲間に入れてもらえないんだ……」「実際、仕事のスキル足りてないしな」と落ち込んだりするかもしれません。

ですが、こうは考えられないでしょうか？

相手が必死になってあなたを閉じ込めてくるのは、あなたを仕事のライバルとして認めているから。自分の領域に入ってこられると困るから。そうやって裏の裏のメッセージを読み取れば、「お？　私ってばマークされてる？」と自信になりませんか？

そうやって少し自尊心を取り戻したら、「いやー、若いからこそ経験積ませてくださいよ」「ありがとうございますー。で、例の案件なんですけど」と、**ぐいぐい中心に入っていきましょう。友だちづきあいなら距離を置いてもいいでしょうけれど、仕事となれば話は別。**ちゃんとがんばりたいのであれば、「遠ざけ作戦」なんかに負けてはいられません！

「かわいいロックダウン」はライバル視の証。自信の糧《かて》にしよう！

おわりに

「Ｉ（アイ）」こそがすべて

ここまで読んでいただき、ありがとうございます。最後に少し、個人的な話をしますね。

本文でも取り上げたフレーズ、「〜〜したほうがいい」と言われるのが、なにしろ苦手で、いまだにしばしば妻とケンカになるほどです。

なぜ苦手なんだろう？
どうしてこの言い回しが気になるんだろう？

この本を書く中で、その理由をうんうんと考えました。

押しつけがましいから？
上から目線だから？

それもあるにはあるのですが、何か違う。なぜだろう。どうしてだろう。……そしてようやくひらめいたのです。

そこには「Ｉ（アイ）」がないからだ、と。

もしこれが、**「私は〜〜したほうがいいと思う」「私は〜〜してほしい」という言い方であれば、全然気にならない**のです。

「なるほど」と考えるきっかけにもなるし、「そうかも……」と納得もできる。むしろ「言ってくれてありがとう！」という気持ちにもなる。

なぜならそれが「Ｉメッセージ」になってるからです。

きちんと面と向かって話してくれている。関わってくれている。実感・温度がある。だから、心地いい。

いっぽう「〜〜したほうがいい」には、「I（アイ）」がありません。話し手の顔が見えない。「こういう方法がgoodだ」と、他人事のように指摘しているに過ぎない。だから適当に関わられているようで、モヤモヤするのです。

「Iメッセージ」は、一方的に自己主張するための会話ではありません。むしろ、互いの違いを受け入れる考え方です。

片方が「私は〜〜だと思う」と告げる。
言われた方が「なるほど。私は〜〜だと思う」と告げる。
それこそが、**互いを尊重するコミュニケーションのスタート地点。**

そういう意味で**「I」は「愛」に通じる、**と言ったら言いすぎでしょうか？

「繊細な人」は、自分の心の中の「I」をもっと大切にしましょう。「私は私だ」という価値観を確立し、相手の無神経なひと言なんかに振り回されない。

「鈍感な人」は、相手の「I」を尊重するよう心がけるべき。「みんなそうだから」という便利な押しつけに逃げず、「自分自身はどうしたいか?」を示すべき。

私は私。
あなたはあなた。
私はAだと思う。
あなたはBだと思う。

自立した人間同士がそれぞれの「I」と「I」をきちんと交わし合う。これこそが、いまの世の中に欠けているコミュニケーションです。

「同調圧力」「上から目線」「マウンティング」「炎上」「自粛警察」「正義中毒」など、何かと息苦しい風潮が現在の日本を覆っています。それはSNSの流行やコロナ禍のせいで、加速するいっぽうです。

そうした目に見えないモヤモヤをスッキリ晴れさせる特効薬こそが、「I」であり「アイ」であり「愛」なのだと、私は思います。

あなたはどう思いますか？

繊細なあなたの毎日が、たくさんの「I（アイ）」に満たされることを、心から祈っています。

2021年7月　五百田達成

ブックデザイン：小口翔平＋加瀬　梓
＋須貝美咲（tobufune）
編集協力：林　加愛
マンガ・イラスト：りゃんよ

〈著者略歴〉
五百田達成（Iota Tatsunari）
作家・心理カウンセラー
東京大学教養学部卒業後、角川書店、博報堂、博報堂生活総合研究所を経て独立。現在は「コミュニケーション×心理」をテーマに執筆・講演を行う。幼少期から「言葉」に繊細で、「人の気持ち」に敏感な性格。そのせいで、人間関係に振り回されがちな思春期を過ごすが、結果的に「ちょっとしたひと言がもたらす効果」「人づきあいがラクになる考え方」について独自の視点とメソッドを確立するにいたる。日常生活ですぐに使える「話し方アドバイス」が人気で、『超雑談力』『話し方で損する人 得する人』『察しない男 説明しない女』（以上、ディスカヴァー・トゥエンティワン）などベストセラー多数。累計部数は100万部を突破している。「スッキリ」（日本テレビ）、「この差って何ですか？」（TBS）などメディア出演も多い。言葉のセンスを磨くオンラインサロン「おとなの寺子屋〜文章教室〜」が話題。

繊細な人 鈍感な人
無神経なひと言に振り回されない40の考え方

2021年9月9日　第1版第1刷発行

著　者　五百田達成
発行者　後藤淳一
発行所　株式会社ＰＨＰ研究所
東京本部　〒135-8137　江東区豊洲5-6-52
第二制作部　☎03-3520-9619（編集）
普及部　☎03-3520-9630（販売）
京都本部　〒601-8411　京都市南区西九条北ノ内町11
PHP INTERFACE　https://www.php.co.jp/
組　版　株式会社PHPエディターズ・グループ
印刷所　大日本印刷株式会社
製本所　東京美術紙工協業組合

ISBN978-4-569-84991-1

PHPの本

一緒にいると楽しい人、疲れる人

有川真由美 著

「あの人といると楽しい」「また会いたい」と言われる人は、どんなことをしているの？　気持ちのいい人になるためのとっておきの知恵。

定価　本体一、二〇〇円（税別）

PHPの本

きっと明日はいい日になる

田口久人 著

Instagramのフォロワー数39万超！　200万いいね！を集めた、読むだけで前向きになる182の言葉。すべて単行本初収録。

定価　本体一、二五〇円（税別）

PHPの本

うまくいっている人がしている

自己肯定感を味方にするレッスン

中島　輝　著

先行き不透明な時代を生き抜くために必要なのは「自己肯定感」。いいことも悪いことも笑顔で受け止められるしなやかな心の育て方とは。

定価　本体一、四〇〇円（税別）